urania

Paul Suer

Wenn mein Kind nicht schlafen will

Ein Ratgeber für ruhige Nächte

Der Autor: Paul Suer, M.A., ist Sozialwissenschaftler, Pädagoge und integrativer Familientherapeut.
Er arbeitet seit vielen Jahren in therapeutischen Einrichtungen und leitet seit 1988 eine Fachabteilung in einer psychiatrischen Klinik. Seit 1998 hat er fünf Bücher und etliche Beiträge für das Internet verfasst.

Bibliografische Information der Deutschen Bibliothek
Die Deutsche Bibliothek verzeichnet diese Publikation in der Deutschen Nationalbibliografie; detaillierte bibliografische Daten sind im Internet über http://dnb.ddb.de abrufbar.

Urania Verlag
in der Verlagsgruppe Dornier
Postfach 80 06 69, 70506 Stuttgart

www.urania-verlag.de
www. verlagsgruppe-dornier.de

Umschlaggestaltung: Behrend & Buchholz, Hamburg
Umschlagbild: Ariel Skelley/Corbis
Redaktion: Beate Vogt
Typografie: AS Typo & Grafik, Berlin
Druck: Westermann Druck, Zwickau
Printed in Germany

ISBN 3-332-01838-8
ISBN 978-3-332-01838-7

Vorwort

Kinder sind außerordentlich kreativ und einfallsreich, wenn es darum geht, ihren Tag um wertvolle Minuten zu verlängern. Mal ist es die Zahnbürste, die »zu wenig Haare« hat, ein anderes Mal ist »eine Mücke in meinem Zimmer«, dann wieder ist es die Heizung, »die so komisch gluckert«.
Den meisten Eltern sind die fantasievollen Geschichten ihrer Kleinen bestens vertraut, mit denen sie die Zeit bis zum Zubettgehen ausdehnen möchten. Und kaum sieht es so aus, als ob die genervten Eltern endlich Ruhe hätten, da stehen die kleinen Quälgeister schon wieder kleinlaut in der Wohnzimmertür, klagen über schmerzende Beine oder wollen wissen, ob »Außerirdische auch durch Wände gehen können«.
Die Geschichten der Kinder sind so vielfältig und wandelbar wie es Abende im Jahr gibt. Manchmal stimmt es, was sie erzählen, manchmal trifft es zum Teil zu, anderes ist frei erfunden. Dabei können Kinder bis etwa zum Schulalter kaum zwischen Fantasie und Wirklichkeit unterscheiden. Wahr ist das, was sie für wahr halten. Psychologen nennen diese nächtlichen Mitteilungen deshalb Botschaften, mit denen die Kinder etwas mitteilen, was sie anders nicht mitteilen können.
Während ein- bis fünfjährige Kinder zumindest andeuten, was ihnen fehlt, stehen die geplagten Eltern bei Neugeborenen und Kleinkindern häufig vor dem Rätsel, warum der kleine Wurm ausgerechnet heute Nacht so jämmerlich weint, obwohl es ihm doch eigentlich an nichts fehlt. Gerade beim ersten Kind, wo alles noch neu ist, durchleiden Mütter und Väter regelrechte »Horrornächte«, in denen sie sich nach der kinderlosen Zeit zurücksehnen.
Die Gründe, warum Kinder schlecht einschlafen, weinend aufschrecken, zu den Eltern ins Bett kriechen oder im Hause umherwandeln, sind recht unterschiedlich. Ich möchte Ihnen mögliche Gründe vorstellen und Lösungen vorschlagen. Aus

der Erfahrung mit meinen eigenen Kindern beginne ich immer mehr zu verstehen, dass so manche Schlafprobleme auch hausgemacht sind.
Neben den alltäglichen oder besser allnächtlichen Ein- und Durchschlafstörungen, kann es wohl in jeder Familie zu Konflikten, dem Verlust eines Angehörigen, einer Trennung oder vielleicht zu einer schweren Erkrankung kommen. Gerade Kinder erleben solche Ereignisse als schwere Bedrohung, die sich nicht selten in hartnäckigen Schlafstörungen äußert. Aus diesem Grunde möchte ich zum Ende des Buches auf die besonderen Schwierigkeiten von Kindern eingehen, die eine Krise durchleben. Gerade sie brauchen gesunden und erholsamen Schlaf am dringendsten, um die Kraft und Ruhe zu entwickeln, die sie zur Bewältigung dieser schweren Zeit benötigen.
Viele Eltern wünschen sich ein Schlaftraining, das geeignet wäre, in wenigen Tagen alle Schlafprobleme zu beseitigen. Auch wenn ich solchen Einschlafprogrammen gegenüber eher skeptisch eingestellt bin, kann solch ein Training tatsächlich eine erste Hilfe bei einfachen Ein- und Durchschlafstörungen sein. Doch wenn Sie ein solches Programm anwenden möchten, ist es wichtig, dass Sie sehr behutsam vorgehen und dass es in das Familienleben eingebettet wird. Ein falsch angewandtes Einschlafprogramm kann dem Kind sogar schaden.
Lassen Sie mich abschließend die einfache Botschaft dieses Buches bildlich ausdrücken: Der Schlaf ist ein Abschiedsgeschenk des Tages an Kinder, die sich verstanden und geborgen fühlen. Er lässt sich nicht erzwingen; er kommt, wie Sonne, Mond und Sterne, und er geht, wenn er nicht mehr gebraucht wird.
Ich wünsche Ihnen und ihren Kindern noch viele erholsame und ruhige Nächte.

Paul Suer

Der Schlaf im Überblick

In diesem Kapitel geht es um folgende Fragen:

- Was geschieht im Schlaf?
- Welche Schlafstadien durchlaufen wir?
- Wofür brauchen wir den Schlaf?
- Wie viel Schlaf brauchen Kinder eigentlich?

Warum schlafen wir eigentlich?

Die neue Schlafforschung zeigt: Schlaf ist kein gleichförmiger Dämmerzustand.

Aristoteles war der Ansicht, dass wir schlafen, weil sich in unserem Körper »die Dämpfe abkühlen«. Die Römer glaubten, dass im Schlaf das Gehirn stehen bleibt, damit die Seele sich mit den Göttern treffen kann. Und Hildegard von Bingen nahm an, dass der Mensch den Schlaf ebenso wie die tägliche Nahrung brauche, um seinen Körper zu kräftigen.

Über solche Erklärungen können wir heutzutage nur lächeln: Seit fast 50 Jahren befassen sich die Wissenschaftler in hochkomplizierten Schlaflabors mit der Erforschung des Schlafes. Dabei haben sie festgestellt, dass der Schlaf keineswegs ein gleichförmiger Dämmerzustand, sondern ein Zustand ist, in dem das Gehirn in bestimmter Weise durchaus aktiv ist. Während Teile des Gehirns, die im Wachzustand das Denken übernehmen, »abgeschaltet« sind, werden in anderen Hirnregionen Signale weiterhin wahrgenommen und verarbeitet. So kann das Gehirn auf körperliche Zustände wie Hunger, Durst, Schmerz oder Geräusche, aber auch auf seelische Zustände wie Angst, Freude oder Trauer durchaus reagieren. Dabei kann das Gehirn gut zwischen verschiedenen Reizen unterscheiden.

Ein Beispiel mag das verdeutlichen:

☛ *Der zwei Monate alte Thorben schläft in seinem Bettchen, das direkt neben dem elterlichen Bett steht, meistens recht gut ein. Wenn er dann gegen ein Uhr weinend nach dem Fläschchen verlangt, beruhigt er sich schnell wieder, sobald sein Hunger gestillt ist. Weil er aber einen empfindlichen Magen hat, bricht er manchmal das halbe Fläschchen wieder aus. Die Mutter hat große Sorge, dass ihr Kind eines Tages ersticken könnte. Sie liegt erschöpft in tiefem Schlaf, selbst wenn draußen ein schweres Gewitter tobt. Doch sobald der Kleine auch nur das leiseste Geräusch von sich gibt, ist sie hellwach und schaut sofort nach ihrem Kind.*

Was geschieht im Schlaf?

Im Schlaf erholen sich Körper, Seele und Geist.

Heute wissen wir, dass der Schlaf nicht ein kleiner Tod ist. Schlaf ist kein passiver Zustand, sondern ein aktiver, recht lebendiger Vorgang. Der Schlafforscher Richard Coleman spricht von einem »faulen Hirn in einem fleißigen Körper« während des Tiefschlafes und von einem »fleißigen Hirn in einem gelähmten Körper« während des Traumschlafes.
Im Tiefschlaf erholt und erneuert sich der Körper. Schlacken und Giftstoffe werden abtransportiert, Wunden verheilen eher und der Körper kämpft gegen Infektionen an. Körperzellen werden erneuert, das Altern wird verlangsamt. Die Müdigkeit vergeht.
Während der Tiefschlaf der Erholung des Körpers dient, erholen sich während des Traumschlafes Seele und Geist. Der Traumschlaf unterstützt das Gedächtnis und hilft uns, erlerntes Wissen zu speichern. Fast noch wichtiger ist die Fähigkeit des Menschen, im Traumschlaf zu vergessen. Stellen Sie sich vor, Sie hätten alle jemals erlebten Enttäuschungen, Kränkungen, Ängste und vieles mehr ständig im Bewusstsein. Sie würden vermutlich einen Nervenzusammenbruch bekommen. Zum Glück gibt es die Gnade des Vergessens.

Hirnströme und Schlafstadien

Tiefschlaf und Traumschlaf

Mit der Entdeckung der Hirnströme und der Möglichkeit, diese mit entsprechenden Geräten zu messen, lernten die Forscher zwischen zwei grundlegenden Schlafarten zu unterscheiden, nämlich zwischen:

- dem Tiefschlaf, der auch Nicht-REM-Schlaf genannt wird und
- dem Traumschlaf, der REM-Schlaf genannt wird.

Die Abkürzungen REM und Nicht-REM (REM = rapid eye movements) sind aus dem Englischen abgeleitet und bedeuten so viel wie Schlaf »mit schnellen Augenbewegungen« bzw. Schlaf »ohne schnelle Augenbewegungen«. Durch Beobachtungen in Schlaflabors hat man nämlich herausgefunden, dass die Pupillen sich während des Träumens hinter den Augenlidern schnell hin- und herbewegen.

Weiter fand man durch Messung der Hirnströme heraus, dass der Tiefschlaf sich in vier Stufen oder Stadien unterteilen lässt. Während der Nacht werden diese vier Stufen mehrmals nacheinander – wie eine Treppe, die in den Keller führt – durchlaufen. Die Stufe 1 stellt die Phase des leichtesten Schlafes und die Stufe 4 die des tiefsten Schlafes dar. Nachdem die 4 Stufen durchlaufen sind, erfolgt eine erneute REM-Phase, also ein Traumschlaf, in dem die Träume, aber auch die Alpträume stattfinden.

Im Tiefschlaf wechseln sich aktive und ruhige Schlafphasen ab.

Weiter unterteilen wir den Tiefschlaf in aktiven Schlaf (Stufe 1 und 2) und in ruhigen Schlaf (Stufe 3 und 4). In der Stufe 1, dem leichten Schlaf, führen bereits kleinste Störungen zum Aufwachen, während der Schlaf in der Stufe 4 nur schwer zu unterbrechen ist. Eigenartigerweise treten aber in der Stufe 4 solche Erscheinungen wie Schlafwandeln, nächtliches Sprechen und Angstattacken auf. Als dritte Form unterscheiden wir die Schläfrigkeit, die bei kindlichen Schlafstörungen eine Rolle spielt.

Kindlicher und erwachsener Schlaf

Wir nennen den regelmäßigen Wechsel zwischen Schlafen und Wachen biologischen Rhythmus. Während dieser bei Neugeborenen nach drei bis vier Stunden wieder von vorne beginnt, wiederholt sich dieses Muster beim Erwachsenen in einem Zeitraum von 24 Stunden. Gleichwohl gibt es einige Dinge, die – unabhängig vom Alter – bei allen Menschen gleich sind:

1. Jeder Mensch hat ein persönliches Schlafmuster, das sich durch folgende Merkmale unterscheidet:
   - Schlafdauer
   - Schlaftiefe
   - Schlafrhythmus
   - Traumtätigkeit
2. Die Schlafmuster können sich durch folgende Einflüsse verändern:
   - organische Erkrankungen
   - ungesunde Lebensweise (wechselnde Schlafrhythmen, Medikamenten- und Suchtmittelmissbrauch, späte, üppige Mahlzeiten usw.)
   - ungesunde Schlafbedingungen (zu weiches Bett, Geräusche, Lichteinfall, Temperatur usw.)
   - Seelische Belastungen (Stress, Angst, Trauer, Erschöpfung, Burn-Out-Syndrom usw.)
3. Es gibt sehr unterschiedliche Schlafqualitäten: So weiß man durch vergleichende Untersuchungen und Befragungen, dass sechs Stunden ungestörter Schlaf erholsamer sind, als ein achtstündiger, aber häufig unterbrochener Schlaf.
4. Nachhaltiger Schlafmangel und häufige Schlafstörungen führen zu:
   - Reizbarkeit und Verstimmungen
   - Verlangsamung im Denken und Handeln
   - Nachlassen des Urteilsvermögens
   - Verlängerten Reaktionszeiten (z. B. beim Autofahren)
   - Halluzinationen (Trugbilder, Mäuse, Fabelwesen sehen usw.)
5. Langanhaltender Schlafmangel wird durch eine einzige ungestörte Nachtruhe weitgehend ausgeglichen, da der Nachholschlaf intensiver ist als der normale Schlaf.

Wie viel Schlaf braucht unser Kind?

Bevor ich auf die Probleme des Durchschlafens zu sprechen komme, möchte ich hier zunächst auf die Frage eingehen, wie viel Schlaf Kinder eigentlich brauchen. Hierbei erscheint es hilfreich, zwischen landläufigen Meinungen und wissenschaftlich gesicherten Fakten zu unterscheiden. Denn es hat wenig Sinn, auf die zahlreichen Geschichten und Meinungen, wie viel Schlaf Kinder denn brauchen oder welcher der gesündeste Schlaf sei, näher einzugehen. So wird immer wieder behauptet, dass der Schlaf vor Mitternacht der gesündeste sei. Doch gibt es weder für diese noch für viele andere verbreitete Überzeugungen wissenschaftlich begründete Anhaltspunkte.

Ein Messinstrument für die optimale Schlafdauer gibt es nicht.

Doch wie viel Schlaf brauchen die Kinder denn nun? In der Tat wäre es schön, wenn es eine Skala oder ein Messinstrument gäbe, auf der man die erforderliche Schlafmenge für sein Kind ablesen könnte. Wenn Eltern dann wüssten, ob ihr Kind an einem Tag zu viel oder zu wenig Schlaf bekommen hat, könnten sie steuernd eingreifen. Zumindest könnten sie sich leichter erklären, warum ihr Kind im Augenblick unzufrieden und quengelig ist. Leider, oder vielleicht auch zum Glück, gibt es ein solches Messgerät nicht. Denn jedes Kind verfügt über ein persönliches, ganz individuelles Schlafmuster, das bei jedem Kind anders ist.

Selbst wenn Sie nun wüssten, dass Ihr Kind 14 Stunden Schlaf braucht, so wissen Sie immer noch nicht, wie das Kind seinen Schlaf über die 24 Stunden aufteilt oder in welcher Phase das Kind sich am besten erholt.

Aus der Schlafforschung wissen wir, dass Neugeborene durchschnittlich 16 ½ Stunden schlafen, die sich in kleinen Portionen zur Hälfte über den Tag und zur anderen Hälfte über die Nacht verteilen. Diese Aufteilung verändert sich im Laufe der Wochen und Monate immer mehr in Richtung auf länger werdenden Nachtschlaf, bei gleichzeitigem Rückgang des Tagschlafes. In

dem gleichen Zeitraum nimmt die benötigte Gesamtschlafmenge gleichmäßig ab.
Im Allgemeinen benötigt ein 3 Monate altes Kind noch etwa 15 Stunden, ein 6 Monate altes Kind noch 14 1/2 und zum ersten Geburtstag noch etwa 13 1/2 Stunden Schlaf. Erst allmählich beginnen Kleinkinder, den Unterschied zwischen Tag und Nacht zu lernen. Mit einem halben Jahr können sie bereits 11 Stunden in der Nacht durchschlafen, während die benötigte Menge an Tagesschlaf weiter abnimmt. Zwischen dem zweiten und vierten Lebensjahr gewöhnen sich Kleinkinder allmählich dann auch noch den Mittagsschlaf ab.
Das alles sind Durchschnittswerte, die nach oben oder unten ohne weiteres um ein bis zwei Stunden abweichen können. Doch selbst wenn die Abweichung etwas größer ist, besteht kein Grund zur Besorgnis. Auch bei Kleinkindern begegnen uns ausgesprochene Kurz- oder Langschläfer. Nur in sehr seltenen Fällen tritt bei Kindern ab etwa 6 Jahren ein übermäßiges Schlafbedürfnis auf. Wenn Sie Anzeichen dafür sehen, dass Ihr Kind davon betroffen ist, sollten Sie möglichst bald Ihren Kinderarzt um Rat bitten.

Abweichungen von der durchschnittlichen Schlafdauer müssen kein Alarmsignal sein.

Den biologischen Rhythmus unterstützen

Die Schlafmuster Ihres Kindes entwickeln sich also recht selbstständig und in kleinen Schritten immer weiter zum nächtlichen Durchschlafen. Kinder haben gegenüber Erwachsenen den unschätzbaren Vorteil, dass sie sich jederzeit von dem wertvollen Gut so viel holen können, wie sie brauchen. Und wenn sie einmal nicht genug bekommen, so lernen wir Erwachsenen sehr schnell, was Kinder wollen, wenn sie quengelig werden, sich die Augen reiben und an nichts mehr Interesse finden. Hiermit teilen sie uns mit: »Bitte lasst mich jetzt in Ruhe; ich möchte schlafen!«

Kinder nehmen sich so viel Schlaf, wie sie brauchen.

Guter Schlaf passiert nicht zufällig.

Auch wenn sich die biologische Uhr in kleinen Schritten fast von alleine umstellt, können die Erwachsenen schon früh etwas dafür tun, dass sie auch richtig geht. Denn guter Schlaf ist nicht zufällig, sondern hat viel mit dem Verhalten der Eltern zu tun. Es sind insbesondere drei Dinge, die dazu beitragen, dass die biologische Uhr stimmt: Das Erlernen des Tag-Nacht-Zyklus, die geregelte Nahrungsaufnahme und die Verinnerlichung von Schlafgewohnheiten.

Den Unterschied zwischen Tag und Nacht erfährt das Kind zunächst durch die veränderten Lichtbedingungen. Tagsüber ist es laut und die Menschen verhalten sich wie immer. Doch in der Nacht ist alles anders: Es hat einen Babyschlafsack an, es ist dunkel und alles ist ruhig. Auch die Nahrungsaufnahme sollte nach festen Regeln ablaufen, dessen Elemente, wie ins Stühlchen setzen, Lätzchen umbinden, Löffel in die Hand geben, sich täglich wiederholen und immer zur gleichen Zeit stattfinden. Genauso lassen sich die Schlafgewohnheiten trainieren. Feste Zeiten und regelmäßige Abläufe geben dem Kind Sicherheit und das Vertrauen, dass die Eltern auch noch am nächsten und übernächsten Tag für es sorgen.

Kindlicher Schlaf und Schlafstörungen

In diesem Kapitel geht es um folgende Fragen:

- Was wissen wir über den kindlichen Schlaf?
- Was verstehen wir unter Schlafstörungen?
- Wie gefährlich ist Schlafwandeln?
- Was sind Angstattacken?

Schlafmuster und Schlafrhythmen

»Babywatcher« = Wissenschaftler, die durch genaue Beobachtung das Verhalten von Säuglingen erforschen.

Die Erforschung kindlicher Schlafmuster und Schlafrhythmen, befindet sich sozusagen noch in den Kinderschuhen. Dennoch haben die »Babywatcher«, wie sie in den Vereinigten Staaten genannt werden, in ihren Schlaflabors in den letzten Jahren einiges über den kindlichen Schlaf herausgefunden.

Was wir über den kindlichen Schlaf wissen

- Babys entwickeln bereits vor der Geburt ihr persönliches Schlafmuster.
- Neugeborene verbringen zwei Drittel ihrer Zeit im Schlaf, der zur Hälfte aus Traumschlaf und zur anderen Hälfte aus dem Tiefschlaf besteht.
- Die meisten Neugeborenen schlafen nicht viel mehr als 1½ bis 3 Stunden an einem Stück.
- Babys können nur selten vor dem 3. Monat durchschlafen.
- Fast ein Viertel der Kinder im zweiten Lebensjahr wachen nachts noch auf.
- Die meisten Kinder sind erst ab dem 4. Lebensjahr so weit, dass sie tagsüber keinen Schlaf mehr brauchen.

Schlafunterbrechung oder Schlafstörung?

Babys entwickeln schon vor der Geburt ihr ganz persönliches Schlafmuster. Doch auch als Neugeborene schlafen sie vielleicht zweieinhalb Stunden, werden wach, verlangen nach Nahrung, möchten gewickelt werden und schlafen bald wieder ein. Der Schlaf wird also unterbrochen durch die Nahrungsaufnahme, durch das Wickeln, durch ein beruhigendes Wort und vieles

mehr. Doch können wir bei solchen Schlafunterbrechungen von Schlafstörungen sprechen?
Vielleicht hilft die Geschichte von Sarah weiter:

Sarah ist ein gut entwickeltes und gesundes Mädchen und sechs Monate alt. Sie ist frisch gewickelt, die Mutter hat sie gestillt, sie hat keine Koliken und ist eigentlich ganz zufrieden. Zur Freude ihrer Eltern verbringt sie ihre Nächte schon bald bei geöffneter Tür in einem Nebenraum des elterlichen Schlafzimmers. Nachts wacht Sarah häufiger auf. Im schwachen Lichtschein der Straßenlaterne spielt sie eine Weile mit ihren kleinen Fingern, beobachtet die Schattenspiele der alten Buche an der Wand, gähnt ein wenig und verfällt bald wieder in einen ruhigen Tiefschlaf.

Schlafunterbrechungen bleiben häufig unbemerkt.

Hat Sarah deswegen Schlafstörungen? Auf den ersten Blick scheint es so. Doch ist die Frage nicht so ohne weiteres mit Ja oder mit Nein zu beantworten. Sarah unterbricht zwar ihren Schlaf, weil sie nach dem Aufwachen nicht sofort wieder einschlafen kann. Anscheinend ist aber die Welt für sie in Ordnung: Vielleicht schnarcht Papa gerade nebenan, vielleicht brummt auch ein dicker Lastwagen um die Hausecke oder die Heizung gluckert mal wieder so lustig. Da sie aber nach einer gewissen Zeit wieder einschläft, bekommen die Eltern die kleine Unterbrechung gar nicht mit und erzählen vielleicht ihren Freunden stolz, dass Sarah schon durchschläft.
Was ich damit sagen möchte ist, dass nicht alle Schlafunterbrechungen von vornherein Schlafstörungen sind. Etwas vereinfachend ausgedrückt: Schlafstörungen werden erst dann zu Störungen, wenn beispielsweise das Wiedereinschlafen gestört ist; oder auch erst dann, wenn sich jemand dadurch gestört fühlt. Denn worin besteht das Problem, wenn Sarah vielleicht eine halbe Stunde mit ihren Fingern spielt oder auch nur die Wand beobachtet?

Genau genommen haben wir es bei Sarah also nicht mit einer Schlafstörung, sondern mit einer an und für sich harmlosen Unterbrechung ihres Schlafes zu tun.
Ich möchte Ihnen nicht einreden, Ihre schlaflosen Nächte wären nicht so schlimm. In manchen Ratgebern wird erschöpften Müttern ja der gut gemeinte, doch wenig hilfreiche Rat gegeben, sie mögen sich einfach mehr schonen. Ein solcher Rat ist so hilfreich, als ob man einem ins Wasser gefallenen Nichtschwimmer zurufen würde: »Du musst es dir nur zutrauen, dann erreichst du schon das rettende Ufer.«

Was verstehen wir unter kindlichen Schlafstörungen?

Die Ruhe und Gelassenheit der Eltern überträgt sich auf das Kind.

Es ist eines der Hauptanliegen dieses Buches, Eltern mehr Sicherheit zu geben und zu zeigen, dass viele Befürchtungen und Ängste unbegründet sind. Je mehr Sie über eine bestimmte Verhaltensweise und mögliche Auffälligkeiten Ihres Kindes wissen, umso leichter fällt es Ihnen, in einer kritischen Situationen die Übersicht zu bewahren und sich richtig zu verhalten. Kinder spüren sehr genau, ob die Eltern ruhig und gelassen sind und sozusagen über den Dingen stehen. Ohne viele Worte überträgt sich ihre Gelassenheit und Ruhe auf das Kind. Auf die gleiche Weise überträgt sich natürlich, wenn die Eltern nervös und sich ihrer Sache nicht so sicher sind.
Um aber möglichst gelassen zu bleiben, bedarf es zunächst klarer Begriffe. Insbesondere ist es hilfreich, die folgenden drei Arten von Schlafstörungen zu unterscheiden:

- Einschlafstörungen
- Durchschlafstörungen
- Aufwachstörungen

Im Folgenden werde ich ausführlich auf die zwei zuerst genannten und zugleich häufigsten Schlafstörungen eingehen und mit

Hilfe einiger Beispiele erläutern. Im letzten Kapitel (S. 93 ff.) werde ich auf die so genannten Aufwachstörungen eingehen.

Einschlafstörungen

Bei den Einschlafstörungen können wir noch eine weitere Unterteilung vornehmen: Wir unterscheiden zwischen

- Zubettgehproblemen und
- dem verzögerten Einschlafen.

Was tun, wenn das Kind nicht einschläft?

Zubettgehprobleme sind solche, bei denen die Kinder nicht einsehen wollen oder können, dass sie ins Bett gehören. Häufig sind es die im Vorwort beschriebenen Kinder, die in fantasievollen Kapriolen den Beginn der Nachtruhe über die Maßen ausdehnen möchten. Mit zunehmender Müdigkeit werden sie reizbarer, weinerlicher oder aggressiver. Sobald sie dann im Bett liegen, schlafen sie meistens recht schnell ein und sind am nächsten Morgen wieder ausgeglichen und zufrieden. Mit zunehmendem Alter können Zubettgehprobleme sich zu einem Schauplatz abendlicher Machtkämpfe zwischen Eltern und Kindern um mehr Unabhängigkeit und Selbstständigkeit entwickeln. Darauf komme ich später noch zurück (S. 65 ff.).

Verzögertes Einschlafen

Das verzögerte Einschlafen ist hingegen dadurch gekennzeichnet, dass das Kind zwar ohne größere Probleme ins Bett geht und auch einschlafen möchte, es ihm aber nicht gelingt. Ob das verzögerte Einschlafen überhaupt eine Störung ist, ist umstritten. Entscheidend ist hierbei, wie belastend die Zeitdauer, bis das Kind eingeschlafen ist, von den Eltern und vom Kind selbst empfunden werden. Etwas willkürlich wird manchmal die

Grenze bei 30 Minuten angesetzt, von der an die Diagnose Einschlafstörung gestellt wird. Letztlich ist die Grenze zwischen »störend« und »Störung« fließend und sicherlich auch von der persönlichen Schmerzgrenze der Beteiligten abhängig.

Verzögertes Einschlafen ist die häufigste Schlafstörung bei Kindern ab sechs Jahren.

Verzögertes Einschlafen spielt bei Kindern bis zum Schulalter kaum eine Rolle. Im Gegensatz hierzu sind die häufigsten Schlafstörungen bei Kindern ab etwa sechs Jahren sehr wohl solche, die dem verzögerten Einschlafen zugerechnet werden. Eine der Ursachen hierfür ist eine gewisse Veranlagung. Diese Einschätzung wird damit begründet, dass Kinder, die schon im ersten Lebensjahr Störungen im Schlaf-Wach-Rhythmus hatten, stärker als andere hiervon betroffen sind.

Beim verzögertem Einschlafen spielen kindliche Ängste, die von überschießenden Fantasien begünstigt werden, eine große Rolle. In der Einsamkeit des Bettchens, verstärkt in fremder Umgebung, auf Reisen oder bei einem Krankenhausaufenthalt, sind Kinder besonders empfindsam. Geräusche, Lichtspiegelungen, ein aufgeheiztes Zimmer, Gerüche und vieles mehr tragen dazu bei, dass das Kind nicht zur Ruhe kommt.

Gerade bei den Einschlafstörungen spielen häusliche Konflikte, Spannungen mit den Geschwistern, Trennung von den Eltern oder Schulprobleme eine wichtige Rolle. In einer solchen Situation werden Geräusche und unerklärbare Lichtspiegelungen zur Bedrohung, die das Kind beunruhigen können. Wie ich noch ausführen werde, werden bei Angstzuständen bestimmte Hormone freigesetzt, die verhindern, dass das Kind einschläft (siehe S. 94 ff.).

Regelmäßige Schlafzeiten können Einschlafstörungen vorbeugen.

Auch die Schlafgewohnheiten haben bei den Einschlafstörungen eine gewisse Bedeutung. In Abhängigkeit vom Alter ist es deshalb wichtig, regelmäßige und verbindliche Schlafzeiten einzurichten, die den Bedürfnissen des Kindes und natürlich auch denen der Eltern entsprechen. Manche Eltern führen die Einschlafstörungen ihrer Kinder unbeabsichtigt dadurch herbei, dass sie zu wenig Geduld damit haben, wenn das Kind nicht sofort einschläft. Wenn eine besorgte Mutter z. B. alle fünf Minuten nachsieht, ob das Kind schon eingeschlafen ist oder ihm gar Vorwürfe macht, warum es »immer noch wach« ist, verstärkt sich die Angst und das Kind schläft unter Umständen noch schlechter ein.

Durchschlafprobleme

Kinder lernen erst nach dem ersten Lebensjahr, zwischen Tag- und Nachtschlaf zu unterscheiden.

Wie bereits erwähnt, schlafen nur wenige Kleinkinder jede Nacht durch. Aus diesem Grunde macht es auch wenig Sinn, während des ersten Lebensjahres nach den Ursachen zu suchen, zumal die Kinder erst lernen müssen, zwischen Tag- und Nachtschlaf zu unterscheiden. Das heißt natürlich nicht, dass Eltern die mitunter schrecklichen Nächte geduldig hinnehmen müssen und warten sollten, bis ihr Kind ein Jahr alt ist. Doch hier soll es zunächst darum gehen, die Durchschlafstörung etwas genauer zu betrachten. Wie ein Kind, das noch kein Jahr alt ist, zu einem erholsamen Schlaf findet, werde ich später ausführen (siehe S. 48 ff.).
Bei den Durchschlafproblemen unterscheiden wir zwischen den

- einfachen und den
- episodischen Durchschlafproblemen.

In der Regel liegt weder bei der ersten, noch bei der zweiten Form ein medizinisches Problem vor. Meistens haben wir es mit einer harmlosen Entwicklungsverzögerung zu tun, die zwar störend und manchmal auch beängstigend sein kann, die aber nach einer gewissen Zeit vorbeigeht. Lassen Sie mich zunächst die episodischen Durchschlafstörungen erläutern. Hierbei kennen wir insbesondere folgende Erscheinungsformen, wobei die Reihenfolge sich nach der Häufigkeit richtet:

- Schlafwandeln
- Nächtliches Einnässen

- Alpträume
- Angstattacken
- Sprechen im Schlaf
- Nächtliches Zähneknirschen

Weil einige dieser Störungen Eltern erheblich verunsichern und ihnen manchmal große Sorgen bereiten, werde ich sie hier recht ausführlich darstellen.

Wenn Kinder nach einer Aufwachphase nicht wieder in den Tiefschlaf finden, kann das zu Störungen führen.

Innerhalb der ersten drei Stunden nach dem Einschlafen kommt es bei allen Kindern zu einer Aufwachphase – direkt aus dem Tiefschlaf –, ohne dass sie wirklich wach werden. Sie befinden sich in einer Art Mischzustand zwischen Wachen und Schlafen. Wie wir im Beispiel von Sarah gesehen haben (siehe oben, S. 19), schlafen die meisten Kinder nach kurzer Zeit von selber wieder ein. Manche finden aber in ihren Tiefschlaf nicht zurück. In dieser Zeit kommt es dann dazu, dass sie zu sprechen anfangen, schlafwandeln oder nächtliche Angstattacken bekommen. Dieses ist auch die Phase, in der manche Kinder einnässen.

Wenn Kinder in der Nacht zu sprechen beginnen, ist das für die meisten Eltern nicht besonders beunruhigend. Wenn sie aber zu nächtlicher Stunde im Hause umherwandeln oder gar das Haus verlassen möchten, kann das schon Sorgen bereiten.

Doch besonders große Sorgen machen vielen Eltern nächtliche Angstattacken. Eine solche Schlafstörung beruht jedoch auf einer völlig normalen Entwicklung des Gehirns. Angstattacken treten bei 5 Prozent aller Kinder auf und haben mit psychischen Konflikten nur sehr selten etwas zu tun. Erst wenn diese Erscheinungen bei siebenjährigen und älteren Kindern nicht abklingen, sollte ein Kinderarzt zu Rate gezogen werden.

Etwas anderes sind allerdings nächtliche Ängste und Alpträume, die durchaus mit Erlebnissen und Fantasien zusammenhängen. Darauf komme ich an späterer Stelle noch zu sprechen (siehe S. 28).

Schlafwandeln

Das Schlafwandeln ist für sich genommen eine recht harmlose Störung des Durchschlafes.
Anhand der folgenden kleinen Geschichte möchte ich verdeutlichen, dass die nächtlichen Wanderungen durchaus auch gefährlich sein können:

Die Familie Rehme in Mettingen wohnt in einem schönen alten Haus, das so aufgeteilt ist, dass die Schlafzimmer unten und die Wohnzimmer in der oberen Etage liegen. Der fünfjährige Tim schläft eigentlich nachts schon ganz gut, obwohl er manchmal zu seinen Eltern ins Bett kriecht, was aber niemanden stört. Während Frau Rehme an diesem Abend ein schönes Buch liest, sortiert und beschriftet der Vater seine Oldie-CD's. Gemütlich knistert der Kamin. Um kurz nach 22.00 Uhr klingelt es plötzlich an der Haustür, die sich in der unteren Etage befindet. Erstaunt stellt Herr Rehme fest, dass die Tür einen Spaltbreit aufsteht. Als er die Tür öffnet, traut er seinen Augen nicht: Da steht ein ihm unbekannter, freundlich lächelnder Mann, der den träumenden Tim an der Hand hält. Fast entschuldigend erklärt der freundliche Herr: »Ich wollte nur verhindern, dass er auf die Straße läuft und ich dachte mir, dass er wohl in diesem Haus wohnen könnte.« Wie betäubt führt Herr Rehme seinen Sohn wieder zu seinem Bettchen, der widerstandslos mitgeht und sofort weiterschläft. Am anderen Morgen kann sich Tim an den Vorfall nicht mehr erinnern. Seit dieser Begebenheit ist die Haustür abends immer fest verriegelt.

Schlafwandeln kann gefährlich sein.

Nächtliche Kletterübungen – ein gefährliches Spiel

Es ist schier unglaublich, zu welchen – manchmal akrobatischen – Leistungen Kinder während solcher nächtlichen

Spaziergänge fähig sind. Ihre Bewegungen können, ähnlich wie bei erwachsenen Schlafwandlern, durchaus logisch und zielgerichtet sein. So kann es vorkommen, dass ein Kind vor einer geplanten Nachtwanderung einen warmen Mantel anzieht oder sich sogar die Schuhe zubindet. Manchmal klettern Kinder völlig angstfrei über Fensterbrüstungen und Balkonmauern oder gehen, wie Tim im Beispiel oben, in der Nachbarschaft spazieren. Warum sollten sie auch Angst haben? Sie sind ja nicht wach, sondern befinden sich in einem Dämmerzustand zwischen Schlafen und Wachen. Deswegen können sie sich auch an nichts erinnern. Obwohl sie sich, zumindest in bekannter Umgebung, recht gut zurechtfinden, nehmen sie Sinnesreize von außen kaum wahr. Und das selbst dann, wenn sie mit starrem Blick beispielweise auf eine belebte Straße zusteuern. Die gerne zitierte sprichwörtliche »schlafwandlerische Sicherheit« bezieht sich dann auch eher auf die Fähigkeit, einmal gelernte Handlungen im Schlafzustand zu wiederholen.

Das Märchen von der »schlafwandlerischen Sicherheit«

In diesem Zustand sind Kinder schwer aufzuwecken. Das einzig Richtige, was Sie tun können, ist, das Kind mit beruhigenden Worten zu seinem Bett zurückzuführen. Da es sich an nichts erinnert, hat es keinen Sinn, es später auf die Gefährlichkeit seines Handelns anzusprechen. Vorwürfe oder dringliche »Warum-Fragen« der beunruhigten Eltern tragen nicht dazu bei, dass das Kind mit dem Schlafwandeln aufhört.
Vorhaltungen und kritische Nachfragen tragen lediglich dazu bei, dass das Kind sich ängstigt und das Gefühl bekommt, dass mit ihm etwas nicht stimmt.

Hilfe bei nächtlichen Wanderungen

Auch wenn Sie Ihrem Kind keine Vorhaltungen machen, müssen Sie das Problem nicht ignorieren. Nehmen Sie sich am nächsten Tag ein wenig Zeit und sprechen Sie mit ihrem Kind in einem ruhigen Ton über die Gefahren solcher Nachtspaziergänge und erklären Sie ihm, dass Sie mit ihm gemeinsam etwas für seine Sicherheit tun werden. Erklären Sie dem Kind in liebevollen Worten, dass es nachts manchmal etwas »ganz Witziges« tut, das aber nicht schlimm ist. Aus der Psychologie wissen wir, dass wir besser mit Ängsten umgehen können, wenn wir in einer beruhigenden Situation aktiv werden. Das trifft sowohl für Eltern wie auch für die Kinder zu. Eine sehr schöne und in unserer schnelllebigen Zeit fast vergessene Form, Ängste zu verarbeiten, sind Rituale. Kinder lieben sie über alles; stellen sie doch eine Form gemeinsamen Spielens dar, die die Interessen und Vorlieben der Eltern mit denen der Kinder spielerisch zusammenbringen (mehr dazu auf S. 103 f).

Beruhigende Rituale sind hilfreicher als kritische Fragen.

Um in diesem Sinne aktiv zu werden, könnten Sie beispielsweise im Rahmen einer rituellen Bastelaktion die Balkontür sichern oder an der Haustür einen Riegel anbringen. Vielleicht befestigen Sie an der Tür zum Kinderzimmer eine Glocke oder eine Vorrichtung, die Ihnen meldet, wenn Ihr Kind im Begriff ist, sich auf Wanderschaft zu begeben. Sie könnten auch einen Bewegungsmelder an der Tür des Kinderzimmers befestigen, der Sie im Ernstfall durch einen Piepton darauf aufmerksam macht, dass Ihr Kind sich auf Wanderschaft begeben will. Selbst wenn Sie dann bei jedem Toilettengang Ihres Sprösslings aus den Federn schrecken, ist die Sicherheit Ihres Kindes und die Ruhe, die Sie selber dadurch finden, höher zu bewerten.

Dringend abraten möchte ich von der Empfehlung, das Kind im Zimmer einzuschließen, um es dadurch an nächtlichen Ausflügen zu hindern. Wenn es eingesperrt ist und es beispielsweise bei einem nächtlichen Alptraum sein Zimmer nicht verlassen darf, kann der Schaden, der dem Kind durch eine solche Maßnahme zugefügt wird, erheblich sein. In einem späteren Kapitel werde ich ausführlich auf die elegante und zugleich amüsante Methode, mit Hilfe von Ritualen Ängste abzubauen und Entspannung und guten Schlaf herbeizuführen, eingehen.

Sperren Sie Ihr Kind nicht ein!

Nächtliche Angstattacken

Pavor nocturnus = »Zittern vor Furcht in der Nacht«

Nächtliche Angstattacken, die Fachleute sprechen von dem Pavor nocturnus, zählen zu den beunruhigendsten Schlafstörungen, die wir uns vorstellen können. Der Begriff kommt aus dem Lateinischen und bedeutet soviel wie »Zittern vor Furcht in der Nacht«. Tatsächlich erscheint eine solche Angstattacke, die mitunter auch Nachtschreck, Schlafterror, Inkubus, Alpdrücken oder nächtliches Aufschrecken genannt wird, als ein dramatisches Ereignis. Gerade junge Eltern, die eine Angstattacke zum ersten Mal und unvorbereitet erleben, erschrecken zutiefst und machen sich große Sorgen, dass sie etwas falsch gemacht haben. Allerdings besteht dazu kein Anlass.
Eine Angstattacke kündigt sich vielfach durch Wimmern oder Keuchen an, meistens beginnt sie aber mit einem markerschütternden Schrei des Kindes. Wenn die erschreckten Eltern in Panik an das Bett des Kindes stürzen, finden sie dort meistens ein zutiefst erschrecktes und ängstlich wirkendes Kind vor, das mit leerem Blick und manchmal schwitzend unverständliche Worte stammelt. Manchmal schlägt und tritt es um sich oder scheint vor irgendetwas weglaufen zu wollen.

Was können Sie tun bei einer Angstattacke?

Bei einer Angstattacke sollte das Kind nicht geweckt werden.

Auch wenn es so erscheinen mag: Das Kind ist nicht wach und lässt sich nur schwer aufwecken. Die Angstattacke ist eine der am besten erforschten Schlafstörungen, wohl auch, weil sie den Eltern große Sorge bereitet. Die Fachleute sind sich darüber einig, dass es wenig Sinn macht, das Kind zu wecken. Es hilft ihm auch nicht. Es mag sich herzlos anhören, aber für das Kind ist es das Beste, wenn es in seinem Bettchen allein bleibt. Es hat auch wenig Sinn, das Kind auf irgendeine Weise beruhigen zu wollen, denn auch das ist nicht möglich. Wie Eltern immer wieder berichten, kann dem Kind auch nicht damit geholfen werden, wenn sie es schützend auf den Arm nehmen möchten. Es wird sich dagegen sträuben und weiterschreien. Wenn die Eltern die Situation dadurch besser aushalten können, sollten sie den Raum verlassen und das Kind durch einen Türspalt beobachten. Letztlich können Sie während einer nächtlichen Angstattacke nicht mehr tun, als durch ein paar weiche Kissen dafür zu sorgen, dass das Kind sich nicht verletzen kann.

Wie gefährlich ist eine Angstattacke?

Angstattacken sind nur in seltenen Fällen auf eine seelische Notlage zurückzuführen.

So plötzlich wie der Nachtschreck aufgetreten ist, vergeht er wieder. Manchmal hält er wenige Minuten an; in vielen Fällen dauert er um die zehn Minuten. In seltenen Einzelfällen können solche Attacken bis zu dreißig Minuten andauern. Für Eltern, die den Pavor nocturnus unvorbereitet erleben, sind sie ein äußerst beunruhigendes Erlebnis. Zum Glück können sich die Kinder nur selten und wenn, dann nur schemenhaft an eine solche nächtliche Katastrophe erinnern; der Schreck bleibt sozusagen auf Seiten der Eltern. Selbst häufige nächtliche Angstattacken bis zu mehrmals in der Woche bedeuten keine wirkliche Gefahr für den Gesundheitszustand oder das seelische Gleichgewicht des Kindes. Nur in seltenen Fällen können die nächtlichen Vorgänge ein Hinweis darauf sein, dass das Kind in seelischer Not ist. Bei Kindern im Schulalter stehen sie manchmal im Zusammenhang mit seelischen Belastungen, etwa mit einem Schulwechsel oder mit der Geburt eines Geschwisterkindes. Im Allgemeinen verlieren sie sich ab dem siebten oder achten Lebensjahr. Gelegentlich treten sie noch bis zum zwölften Lebensjahr auf.
Wenn die nächtlichen Vorfälle nach dem zehnten oder elften Lebensjahr regelmäßig und häufiger auftreten, sollten Sie einen erfahrenen Kinderarzt aufsuchen. Manchmal verordnet dieser

ein pflanzliches Beruhigungsmittel oder schwach dosierte Psychopharmaka. Auch wenn eine medikamentöse Behandlung nur in Einzelfällen und immer nur in Abstimmung mit einem Kinderpsychiater erfolgen sollte, kann eine solche Behandlung notwendig werden. Insbesondere dann, wenn zu erwarten ist, dass die Nebenwirkungen geringer sind als die seelischen Belastungen, die manche geplagte Mütter und Väter ertragen müssen.

Auf einen Blick: Angstattacken

- Nächtliche Angstattacken sind keine seelische Störung oder Verhaltensauffälligkeit und haben nichts mit seelischen Konflikten oder gar Erziehungsfehlern zu tun. Bis zum Alter von etwa sieben Jahren bedürfen sie keiner fachärztlichen Behandlung.
- Ab dem siebten Lebensjahr sollten Eltern dann fachlichen Rat in Anspruch nehmen, wenn ihr Kind auch tagsüber verstört oder ängstlich wirkt.
- Angstattacken treten etwa ein bis drei Stunden nach dem Einschlafen auf. Sie kommen bei etwa 5 Prozent aller Kinder vor. Da sie in manchen Familien gehäuft auftreten, wird vermutet, dass die Veranlagung hierzu vererbt wird.
- Angstattacken sind nicht behandelbar und bedürfen keiner Behandlung. Sie beruhen auf einem Reifungsvorgang des Gehirns und verlieren sich etwa mit dem Schulalter, in Einzelfällen treten sie noch im Alter von etwa zwölf Jahren auf.
- Während der Angstattacke können Eltern für ihr Kind weiter nichts tun, als es vor Verletzungen zu schützen und sich nach der Attacke davon zu überzeugen, ob alles wieder in Ordnung ist.

Nächtliches Einnässen

Selbst wenn Kinder tagsüber schon lange trocken sind, kann es mitunter Jahre dauern, bis sie auch in der Nacht ihre Blase kontrollieren können. Das nächtliche Einnässen stellt eine verhältnismäßig harmlose Störung dar und es besteht kein Anlass, sich deswegen übermäßig zu beunruhigen.

Das Bettnässen, in der Fachsprache Enuresis nocturna genannt, tritt ähnlich wie der Nachtschreck ein bis drei Stunden nach dem Einschlafen auf. Auch in diesem Falle wachen die Kinder nur unvollständig aus dem Tiefschlaf auf und befinden sich in einem Zustand zwischen Wachen und Schlafen. Entgegen der verbreiteten Auffassung, dass nächtliches Harnlassen von entsprechenden Träumen ausgelöst wird, wissen wir heute jedoch, dass es genau umgekehrt ist: Nach dem Einnässen gehen viele Kinder in den Traumschlaf über, in dem das Einnässen geträumt wird.

Das Bettnässen geschieht im Zustand zwischen Wachen und Schlafen.

Wichtig ist an dieser Stelle, darauf hinzuweisen, dass das Kind lange Jahre die Blasenfunktion nicht willentlich steuern kann. Je jünger die Kinder sind, umso weniger wachen sie auf, wenn es an der Zeit wäre, die Toilette aufzusuchen. Vielfach haben sie einfach noch kein Gespür für den Zusammenhang zwischen Harndrang und Aufwachen entwickelt.

Darum hat es wenig Sinn, mit dem Kind über die Ursachen zu reden oder ihm das Gefühl zu geben, dass mit ihm etwas nicht in Ordnung ist. Durch allzu heftige Reaktionen der Erwachsenen kann sich das Problem unter Umständen verschlimmern oder verfestigen. Von Bettnässen als Störung sprechen wir meistens erst dann, wenn Kinder nach dem fünften Lebensjahr mehr als zweimal im Monat einnässen. Mädchen gelingt es oft etwas früher, auch in der Nacht ihre Blase zu kontrollieren, während Jungen manchmal noch bis zum siebten oder achten Lebensjahr, gelegentlich auch etwas länger, brauchen, bis sie die Blase unter Kontrolle haben.

Ob nächtliches Bettnässen überhaupt als Störung oder als behandlungsbedürftig anzusehen ist, und ab welchem Alter etwas unternommen werden sollte, wird von den Fachleuten unterschiedlich beurteilt. Und ob von den Eltern in dieser Hinsicht etwas unternommen wird, hängt sicherlich auch davon ab, wie stark sich die Eltern durch das nächtliche Einnässen beeinträchtigt fühlen.

Auf jeden Fall sollten sie spätestens dann fachlichen Rat einholen, wenn ihr Kind nach einer längeren trockenen Phase erneut einnässt. Bei dieser Form des Einnässens können belastende Erlebnisse, etwa eine Scheidung oder die Geburt eines Geschwisterkindes, eine gewisse Rolle spielen. Wenn der Kinderarzt eine organische Ursache, zum Beispiel eine Blaseninfektion, ausschließen kann, ist dieser Störung vor allem mit Gelassenheit zu begegnen.

Wenn das Kind plötzlich wieder einnässt, sollte fachlicher Rat eingeholt werden.

Loben Sie Ihr Kind, wenn es eine Nacht »trocken« überstanden hat und versuchen Sie, die Nächte zu überstehen, in denen es nicht geklappt hat. Spätestens ab dem Schulalter, insbesondere wenn eine Klassenfahrt mit Übernachtung ansteht, haben die Kinder meistens den starken Wunsch, das Problem selber zu lösen. Manchmal hilft es, wenn Sie das Kind zu der Zeit, wenn Sie selber zu Bett gehen, sanft anstoßen und es zur Toilette begleiten. Dieser einfache Kunstgriff kann bereits nach etwa fünf Tagen zum Erfolg führen.

Wenig Einfluss auf trockene Nächte hat die häufig empfohlene Methode, dem Kind vor dem Schlafengehen wenig zu trinken zu geben.

Hinsichtlich der Verordnung von Medikamenten oder technischer Hilfsmittel wie Klingelhöschen oder spezieller Matratzen, die immer wieder empfohlen werden, ist eher Zurückhaltung geboten. Unter Umständen kann eine solche technische Maßnahme oder eine medikamentöse Behandlung dazu beitragen, dass das Kind erst verspätetet lernt, seine Blasenfunktion selbstständig zu kontrollieren.

Auf einen Blick: Nächtliches Einnässen

- Das Bettnässen tritt, ähnlich wie der Nachtschreck, ein bis drei Stunden nach dem Einschlafen auf.
- Die Kinder befinden sich in einem Dämmerzustand zwischen Schlafen und Wachen.
- Nächtliches Einnässen ist nicht willentlich zu steuern.
- Es wird nicht durch Träume ausgelöst, sondern das Einnässen löst Träume aus.
- Durch Vorhaltungen oder intensives Nachfragen kann sich die Störung verfestigen.
- Medikamente und technische Hilfsmittel können dazu führen, dass das Kind verspätet lernt, die Blasenfunktion zu steuern.
- Kleine Verhaltensmaßnahmen, wie nächtlicher Toilettengang, bringen meistens den gewünschten Erfolg.

Nächtliche Essstörung

Nachts essen – aus der Erwartung kann sich eine schlechte Gewohnheit entwickeln.

Manche Mütter berichten davon, dass ihr Kind nachts ständig Hunger hat und nie satt zu werden scheint. So belastend diese Problematik für alle Beteiligten auch sein mag, so ist sie nicht ohne Zutun der Mutter oder des Vaters entstanden. Ohne den Eltern zu nahe treten zu wollen, deutet das Problem auf übermäßiges Füttern oder Stillen in der Nacht hin. Das übermäßige Füttern ist vor allem bei Säuglingen und Kleinkindern verbreitet. Es ist dadurch definiert, dass Kinder bis zum sechsten, siebten Monat mehrmals in der Nacht und im späteren Lebensalter wenigstens einmal in der Nacht gestillt werden bzw. das Fläschchen bekommen.

Aus Sicht der Eltern ist jedoch nicht das Essen das Problem, sondern die häufigen Unterbrechungen der Nachtruhe. Zu

einer Schlafstörung wird es dadurch, dass die Kinder meistens erst dann wieder einschlafen, wenn sie etwas gegessen haben. Mit der Zeit entwickelt sich aus dieser Erwartung eine Gewohnheit, die zwanghafte Züge annehmen kann. Irgendwann verlangt das Kind dann nicht mehr nach Nahrung, weil es Hunger hat, sondern, weil es gewohnt ist, in der Nacht gefüttert zu werden. Ein Zusammenhang mit einer späteren Essstörung oder einer anderen oral ausgerichteten Sucht wie Alkoholismus oder Nikotinabhängigkeit ist nicht auszuschließen, sondern nahe liegend. Insofern sind die Eltern gefordert, den Kindern das unangemessene Essverhalten abzugewöhnen. Natürlich geht es nicht darum, die notwenige Versorgung zurückzuschrauben. Aber ein Kind im fünften, sechsten Monat benötigt in der Nacht nicht mehr als 230 ml Flüssigkeit. Das trifft auch für Kinder zu, die nachts gestillt werden.
Machen Sie im Zweifelsfalle einfach den Schnullertest. Wenn der Schnuller beim Aufwachen durchnässt ist, deutet das daraufhin, dass wir es mit zwanghaftem Ess- bzw. Trinkverhalten zu tun haben. Um aber andere Gründe auszuschließen, halten Sie Rücksprache mit Ihrem Kinderarzt.

Die nächtliche Nahrungsaufnahme sollte Schritt für Schritt reduziert werden.

Die Nahrungsaufnahme sollte keinesfalls von einer zur nächsten Nacht abrupt abgesetzt werden. Wenn Sie Ihr Kind zum Beispiel nachts stillen, vergrößern Sie den Abstand gegenüber früher in jeder Nacht um jeweils eine halbe Stunde. Wenn Sie also vorher nach jeweils einer Stunde die Brust gereicht haben, verlängern Sie den Abstand auf eineinhalb Stunden. In der nächsten Nacht verlängern Sie den Abstand wieder um jeweils eine halbe Stunde und so weiter, bis Sie zum Schluss gar nicht mehr nachts stillen. Wenn das Kleine in der Nacht das Fläschchen bekommt, verfahren Sie ähnlich. Sie können aber auch so vorgehen, dass Sie die gereichte Menge in jeder Nacht allmählich, zum Beispiel um 30 ml, verkleinern. Diese Methode zeigt baldige Erfolge und kann jederzeit, zum Beispiel bei Krankheit oder Krisen, abgesetzt werden.

Schlaf und Familie: Wenn die Nacht zum Tag wird

In diesem Kapitel geht es um folgende Fragen:

- Wie verändern Kinder die Familie?
- Wie geht es den Eltern dabei?
- Was brauchen Kinder?

Kindliche Schlafstörungen – nur ein »technisches« Problem?

In den letzten zwei Kapiteln war viel von Schlafmustern, von Hirnströmen, von Schlafstadien und von Störungen die Rede. Das könnte den Eindruck erwecken, dass kindliche Schlafstörungen ein rein technisches Problem wären: Man braucht nur die richtige Einschlaftechnik anzuwenden und schon sind alle Schlafprobleme gelöst. In der Tat gibt es solche Ein- und Durchschlaf-Programme.

Helfen Ein- und Durchschlaf-Programme?

Reicht es aus, die Symptome einer Schlafstörung zu beseitigen?

Da sich Eltern möglicherweise durch ein solches Schlaftraining rasche und nachhaltige Hilfe versprechen, möchte ich an dieser Stelle eher zur Vorsicht mahnen. Denn die meisten dieser Programme beruhen auf der Vorstellung, dass jegliches Verhalten, auch das Schlafverhalten, einmal gelernt und verinnerlicht wurde. Mit der gleichen Logik ließe sich erlerntes Verhalten dann wieder abgewöhnen. Insofern träfe das auch für Schlafstörungen zu. Das Problem solcher Trainings-Programme besteht aber manchmal darin, dass sie zwar die Störung oder das Symptom beseitigen, nicht aber die Ursache. Gleichwohl ist das bei vielen leichteren Schlafstörungen mehr, als sich gestresste Mütter und Väter erträumen. Insofern können solche Programme tatsächlich eine große Erleichterung bedeuten.

Doch es ist außerordentlich wichtig für Eltern, zwischen schlechten Angewohnheiten, wir sprechen auch von ungünstigen Schlafgewohnheiten, und objektivierbaren Ursachen, zum Beispiel durch Ängste hervorgerufene Schlafstörungen, unterscheiden zu lernen.

Die so genannte Verhaltenstheorie, auf der solche Lernprogramme aufbauen, ist zunächst einmal wertneutral. Sie besagt nämlich lediglich, dass alles Verhalten gelernt wird. Sie trifft aber keine Aussage darüber, ob das gelernte Verhalten sinnvoll, hilfreich oder gar störend ist. Das bedeutet aber, dass unerwünschtes oder problematisches Verhalten genauso gut gelernt werden kann, wie ein Verhalten, das zum Beispiel im sozialen Kontakt wertvoll ist. Wenn wir diesen Aspekt auf unser Thema übertragen, so ist nicht auszuschließen, dass ein solches Programm bestehende Ängste bei einem Kind mit einem schlimmen Schicksal oder einer schweren Erkrankung verstärkt oder das Problem gar verschlimmert. Aus diesem Grunde kann ein Einschlaftraining nur dann hilfreich sein und verantwortet werden, wenn es neben der Schlafstörung die Persönlichkeit des Kindes, seine jeweilige biologische Entwicklungsstufe, das soziale Umfeld und seine bisherigen Lebenserfahrungen berücksichtigt.

Jedes Schlaftraining muss die Entwicklungsstufe und die Persönlichkeit des Kindes berücksichtigen.

Im vorigen Kapitel haben Sie bereits einiges über die biologische Seite der Schlafstörungen und Entwicklungsstufen erfahren. Es ist inzwischen fachlicher Standard, viele kindliche Schlafstörungen als multifaktoriell, also auf mehrere Ursachen zurückgehend, anzusehen. Nicht selten sind familiäre Spannungen und Konflikte für die kindlichen Schlafstörungen mitverursachend. Aus diesem Grunde möchte ich jetzt etwas ausführlicher auf das soziale Umfeld und auf die innerfamiliären Veränderungen, die die Geburt eines Kindes mit sich bringen, eingehen.

Paar + Kind = Familie – keine einfache Gleichung

Wenn aus dem Paar eine Familie wird, können Schwierigkeiten und Probleme auftreten. Begriffe wie Mutter, Familie oder Elternglück sind immer mehr zu Worthülsen geworden, die nur wenig mit der Alltagswirklichkeit zu tun haben. »Junge Mütter sind glücklich« oder deutlicher: »Junge Mütter sollten glücklich sein!« – so lautet die unaufgeforderte frohe Botschaft, der sich betroffene Frauen nur mit schweren Schuldgefühlen oder auch

Selbstzweifeln zu entziehen wagen. Richtigerweise müsste der Seufzer junger Mütter sich eher so anhören: »Warum sind alle anderen Mütter so glücklich, während ich mit tiefen Rändern unter den Augen, übernächtigt und ungeschminkt am Küchentisch sitze und vor mich hinheule?«

Optimismus kann gelernt werden.

Natürlich gibt es auch wirklich glückliche Mütter, die trotz Stress, Schlafmangel und gelegentlicher Streitereien mit dem Partner zuversichtlich den Tag überstehen. Wenn Sie sich zu dieser kleinen, optimistischen Gruppe zählen, nehmen Sie das Buch als unterhaltsamen Beweis dafür, dass viele Schwierigkeiten sich mit einer zuversichtlichen Erwartungshaltung leichter lösen lassen oder gar nicht erst aufkommen. Wenn es geht, lassen Sie möglichst viele Mütter und Eltern an Ihrer Zuversicht teilhaben: Auch Optimismus ist lernbar!

Während also das Mutterdasein nicht nur das reine Glück ist, trifft dies noch weniger für die Familie zu. Die Familie von heute hat im Verlauf von wenigen Jahrzehnten so wichtige Aufgaben wie die Kindererziehung, die Alten- und Krankenpflege, die Religionsausübung und vieles mehr weitgehend an staatliche oder öffentliche Einrichtungen abgegeben oder ganz verloren.

Sicherheit und Geborgenheit, Beständigkeit und Harmonie und vieles mehr waren noch für unsere Eltern selbstverständliche Werte. Wenn wir uns so manche moderne Familie ansehen, so sind berechtigte Zweifel angebracht, ob allein die Geburt eines Kindes in heutiger Zeit aus einem Paar bereits eine Familie macht.

Elternbeziehungen: Mutterglück und Vaterfreuden

Dass Traum und Wirklichkeit mitunter weit auseinander liegen, zeigt die folgende Geschichte einer jungen Frau aus Essen:

Beate W. aus Essen hatte sich zusammen mit ihrem Mann Klaus riesig auf die kleine Julia gefreut. Schon früh haben sie die Zeit nach der Geburt bis ins kleinste Detail durchgesprochen und geplant. Freundinnen, Bekannte und Verwandte haben ihnen in guter Absicht das junge Mutterglück in den leuchtendsten Farben geschildert. Jetzt, wo Julia sieben Monate alt ist und Beate sich nächtelang mit dem Kind auf dem Arm durch die Wohnung schleppt, möchte sie manchmal vor Wut und Verzweiflung am liebsten weglaufen. Dabei gibt sie sich große Mühe, ihren Mann Klaus, der schon um sechs Uhr zu seiner Dienststelle muss, nicht zu wecken. Doch selbst am Tage findet sie kaum etwas Zeit für sich selbst. Entweder quengelt Julia stundenlang vor sich hin, will gewickelt, dann wieder gefüttert werden oder es ist ihr langweilig, sie hat Bauchweh und vieles mehr. Just in dem Augenblick, in dem Julia gerade eingeschlafen ist, ruft eine von Beates Freundinnen an, die ihre neueste Liebesgeschichte mitteilen möchte. Natürlich ist Julia durch das Telefonläuten hellwach geworden. Wie schon oft, muss das Gespräch nach wenigen Sätzen unterbrochen werden: »Du, ich muss aufhören, Julia weint, ruf mich später an.«
Mit der Zeit beginnt Beate, sich körperlich zu vernachlässigen, kümmert sich nicht mehr um Freundschaften und verliert das Interesse an liebgewordenen Gewohnheiten. Wenn Klaus abends frohen Mutes von seiner Arbeit bei der Post zurückkehrt, versteht er nicht, warum es in der Wohnung so chaotisch aussieht. Er meint, es müsste doch die größte Freude sein, den ganzen Tag mit dem Kind zu spielen, ein bisschen den Kinderwagen durch die Siedlung zu schieben und hier und da ein kleines Gespräch zu führen. Das wäre doch fast wie Urlaub. Wenn Beate dann von ihrer Verzweiflung sprechen will, weiß Klaus auch bald eine Erklärung: »Das ist doch deine eigene Schuld. Du musst dich nur gegen das Kind durchsetzen und dir nicht ständig auf der Nase rumtanzen lassen« – spricht es gelassen aus, holt sich ein Bier und legt die Beine hoch …

Neue Männer: Erziehungsurlaub oder Karriere?

Das vielleicht etwas überspitzte Beispiel bedarf keiner weiteren Ausführungen. Doch was ist mit den Vätern? Gibt es auch bei ihnen den krassen Widerspruch zwischen dem, wie sie sein sollten und wie die Wirklichkeit aussieht? Männer der Gegenwart wollen anders sein als ihre Väter. Sie nehmen an Kursen zur Geburtsvorbereitung teil und begleiten und betreuen ihre Frauen bei der Geburt. Ist das alles? – Keineswegs: Die neuen Väter haben gelernt, ihre Gefühle zuzulassen; sie streicheln das Kind, spielen mit dem Kleinen und kümmern sich um den Nachwuchs, sofern es ihre Zeit erlaubt. An Abenden und Wochenenden wickeln immer mehr Väter ihr Kind, baden es oder schieben den Kinderwagen durch den Park.

Aber von gleichen Rechten und Pflichten kann deshalb noch nicht die Rede sein. Auch heute noch runzelt der Chef die Stirn und die Kolleginnen und Kollegen lächeln milde, wenn der frisch gebackene Familienvater Erziehungsurlaub beantragt. Kindererziehung ist nun mal nach wie vor eine Frauenangelegenheit. Und das Karrieremachen ist in den meisten Fällen den Männern vorbehalten. Doch auch ohne Karriere verdienen die Männer vielfach mehr als ihre Frauen. So stellt sich angesichts der Mehrkosten durch ein weiteres Familienmitglied selten die Frage, wer von beiden Erziehungsurlaub nimmt. Deshalb ist es nicht verwunderlich, wenn viele Paare an dem Mythos festhalten, dass der Mann für den Unterhalt und die Frau für die Kinder zuständig ist.

Der Mann ist für den Unterhalt zuständig – die Frau für die Kinder?

Neben der finanziellen Seite gibt es aber noch eine psychologische: Während viele Männer angesichts der Geburt ihres Kindes ihren Selbstwert in höheren beruflichen Leistungen suchen, wird den Frauen die biologische Leistung der Geburt als ausreichende Bestätigung zugestanden. Nicht wenige Männer zeigen nach der Geburt ihres ersten Kindes dann auch erstaunliche Energien und machen angesichts der finanziellen

Herausforderung nicht selten einen unerwarteten Karrieresprung, der allerdings mit dem Preis von weniger Freizeit bezahlt werden muss. Und dies hat dann zur Folge, dass sie ihre Frauen bei der Kinderbetreuung nicht unterstützen können.

Beziehungsknatsch und Rollenkonflikte

Die Beziehungsstrukturen verändern sich mit der Geburt eines Kindes nachhaltig.

Viele Frauen bekennen sich wieder zu Mutterschaft und Kindererziehung. Sie setzen sich über alte Bilder, wie eine Mutter zu sein hat, hinweg und leben ihre eigene, moderne Mütterlichkeit. Dadurch kann der Mann zwar entlastet werden, der sich dann andererseits manchmal aus der engen Beziehung zwischen der Mutter und dem Kind verdrängt fühlt. Wenn er das Kind einmal auf den Arm nimmt, es wickelt oder badet: immer muss er mit dem vorsichtig abschätzenden Blick der weitaus höher qualifizierten Fachfrau rechnen.
Bereits mit dem Tag der Geburt des Nachwuchses verändern sich die Familienstrukturen grundlegend. In der Schule haben wir nicht gelernt, wie Beziehung oder gar Elternschaft funktioniert. Solange wir gültige Vorbilder hatten, waren unsere Rollen selbstverständlich. Es gab keinen Grund, an ihnen zu zweifeln. Doch mit dem Verlust bis dahin unbestrittener Werte und einem tief greifenden Wandel der Gesellschaft entstehen Konflikte und Spannungen, die bis in die Kleinfamilie hineinwirken. Unsere schnelllebige Reklame-Gesellschaft, in der äußerliche Leistungen wichtiger als innere Werte zu sein scheinen, fragt immer weniger danach, wie es uns dabei geht, sondern immer mehr danach, ob wir genug geleistet haben. Mit der Elternschaft wird uns sozusagen ein Wesen für die Ewigkeit anvertraut. Ob gewollt, ungewollt oder ob dem Zufall überlassen: Vor der Schwangerschaft konnten wir uns, zumindest in der Fantasie, noch die Hintertür einer Trennung auflassen, wenn es denn gar nicht mehr gehen sollte. Nun stehen wir in der Verantwortung.

Partnerschaft heißt, Verantwortung übernehmen

In der Partnerschaft müssen wir lernen, dem anderen Raum zu lassen; ihm die eigene Verantwortung nicht abzunehmen. Als Eltern haben wir vom ersten Tag an eine genau umgekehrte Aufgabe. Das Neugeborene macht die Beziehung unausweichlich, die Bindung ist verpflichtend; wir stehen in der Verantwortung. Aus der Zweierbeziehung wird schlagartig eine Dreierbeziehung und vielleicht später eine Mehrpersonen-Beziehung. Es entstehen Spannungen und manches gerät ins Ungleichgewicht.

Indem die Eltern sich dem Kind zuwenden, geht aber auch Kraft für die eigene Beziehung verloren. Gegenseitige Erwartungen werden nicht ausreichend erfüllt. Die Mutter erlebt mit dem Kind vielleicht mehr Zärtlichkeit und Nähe als mit dem Partner. Sie erwartet von ihrem Mann, dass er sie ausreichend unterstützt und er ihre starke Zuwendung zu dem Kind akzeptiert. Er hingegen wünscht sich seine Geliebte zurück, die Frau, in die er sich vielleicht einmal wegen der aufregenden Figur verliebt hat. Vielleicht sehnt er sich auch nur nach verständnisvollen Gesprächen nach einem anstrengenden Arbeitstag zurück. Enttäuschungen über den anderen können oder dürfen aber nicht geäußert werden, da der Partner nichts anderes tut, als die ihm zugedachte Rolle auszufüllen. Statt sich über diese Rollen zu ärgern oder sie zumindest infrage zu stellen, regen wir uns – sozusagen ersatzweise – über eine chaotische Wohnung oder über zu wenig Verständnis auf.

Wichtig ist es, Lösungen zu finden, die verbinden.

Die Kämpfe und Streitigkeiten, die aus so unterschiedlichen Erwartungen entstehen können, sind den meisten Eltern sehr vertraut. Wer Kinder hat, kennt auch die Auseinandersetzungen. Ausschlaggebend ist letztlich, ob es gelingt, Lösungen zu finden, die verbinden. Dazu zählt jedoch nicht, den Partner zu verlassen, übermäßiger Alkohol- und Medikamentenkonsum oder häufige lautstarke Auseinandersetzungen.

Was Kinder brauchen – nicht nur zum Einschlafen

Kinder brauchen, um den Tag in Ruhe abschließen zu können, einige grundlegende Dinge, die sie selber nicht einfordern können. Dazu zählen:

- Sicherheit und Geborgenheit
- Verständnis und Harmonie
- Verbindlichkeit und Verlässlichkeit

Kinder brauchen mehr als nur versorgt zu werden.

Das sind einige wenige Dinge, die gleichsam auf der Hand liegen. Doch Kinder brauchen weitaus mehr, wenn sie nicht »nur« versorgt werden sollen, sondern auch früh lernen, im Leben zurecht zu kommen. Und dazu gehören:

- Struktur und Orientierung
- Klarheit und Konsequenz
- Selbstständigkeit und Autonomie
- Fantasie und Lebendigkeit

Selbst damit ist die Liste der Dinge, die Kinder brauchen, noch lange nicht abgeschlossen. Das Wichtigste überhaupt, was wir unseren Kindern geben können und was manchmal vergessen wird, ist die Liebe.
Kinder hingegen wollen von uns Erwachsenen – überspitzt gesagt – alles! Oder besser gesagt: fast alles. Und ich darf hinzufügen: Und das möglichst sofort! Kinder haben nämlich von Geburt an weder eine innere Struktur noch ein Zeitgefühl. Sie kommen auf die Welt und sind hilflos abhängig, ohne Zeitbegriff und kompromisslos fordernd. Erst allmählich lernen sie, die Welt der Erwachsenen zu begreifen und notwendige Grenzen zu erkennen. Bis dahin ist es ein langer und manchmal schmerzhafter Weg, der für beide Seiten – Kinder wie Eltern – eine große Herausforderung ist.
Erst wenn es den Eltern gelingt, die Erwartungen beider Seiten ins Gleichgewicht zu bringen, spüren die Kleinen – auch ohne

Worte – das Maß an Vertrauen, das sie für entspannten Schlaf brauchen. Gleichwohl kann ein Vater oder eine Mutter nur so viel an Sicherheit, Verständnis, Orientierung und Liebe geben, wie er oder sie selber in sich trägt.
Bevor ich auf die Entwicklung des Schlafes bei Kindern in den ersten Lebensmonaten eingehe, möchte ich an dieser Stelle auf einige Schlafstörungen zu sprechen kommen, die mit dem Alltag und den Erlebnissen unserer Kinder zu tun haben. Es geht um nächtliche Ängste und um Alpträume.

Nächtliche Ängste und Angst vorm Einschlafen

Die Ursache nächtlicher Ängste ist häufig in belastenden Alltagserfahrungen zu finden.

Im Gegensatz zum Schlafwandeln und den oben beschriebenen Angstattacken haben nächtliche Ängste und Alpträume durchaus mit vorangegangenen Erlebnissen zu tun.
Wodurch nächtliche Ängste entstehen können, möchte ich am Beispiel von Jan aus Mülheim schildern:

☛ *Jan ist mit seinen fast vier Jahren ein gesundes und alles andere als ein übermäßig ängstliches Kind. Eines Tages fährt die ganze Familie zu der neuen Autowaschanlage, in der man im Auto sitzen bleiben kann, während der künstliche Regen auf das Auto niederrauscht. Da die Mutter sich nicht ganz sicher ist, ob sie Jan das feuchte Abenteuer schon zumuten darf, bleibt sie mit dem Kleinen vor der Waschstraße stehen, um dem Kind zu zeigen, dass der Papa unbeschadet auf der anderen Seite aus dem Schacht wieder herauskommt. Doch der erwartete Lerneffekt stellt sich nicht ein. Jan reagiert überraschend mit heftigen Weinkrämpfen, als er sieht, dass sein lieber Papi mitsamt Auto in dem zischenden und dampfenden Schacht verschwindet. Er klammert sich an die Mutter, der es nur mit Mühe gelingt, ihn zu beruhigen, nachdem Jan sich versichert hat, dass sein Papa offensichtlich unverletzt geblieben ist. Nach etwa einer Stunde zeigt Jan sich genauso selbstbewusst wie zuvor und die Angelegenheit scheint ausgestanden. Doch beim Zubettgehen gibt es einige Schwierigkeiten: Erst zögert er das Waschen und Zähneputzen hinaus, dann piekst die Matratze und schließlich möchte er die Geschichte mit dem blinden Maulwurf zweimal hören. Nach über einer Stunde fallen ihm vor Müdigkeit die Augen zu.*

Obwohl es den Eltern nicht entgangen war, dass das Kind wegen des schrecklichen Vorfalls nicht einschlafen mochte, haben sie es klugerweise nicht auf seine Ängste angesprochen. Sie haben in Ruhe abgewartet, ob das Kind von sich aus von dem Ereignis spricht oder sich so beruhigt. In der Tat hat es wenig Sinn, mit dem Kind nächtliche Diskussionen über belastende Erlebnisse oder beunruhigende Vorkommnisse zu führen.

Was tun, wenn Ängste den Schlaf stören?

- Warten Sie am Besten eine entspannte Situation am nächsten Tag ab, in der Sie mit dem Kind in Ruhe über belastende Erlebnisse sprechen.
- Gehen Sie nachts nicht allzu sehr auf Hexen, Monster, pieksende Matratzen oder auf das Summen vom Kühlschrank ein.
- Versuchen Sie beruhigend auf Ihr Kind einzugehen und geben Sie ihm das Gefühl, dass alles in Ordnung ist.

Träume und Alpträume

Träume und Alpträume treten bei Kindern in der Zeit des leichtesten Schlafes auf. Über das genaue Alter, ab wann Kinder träumen oder gar Alpträume haben, ist noch nicht sehr viel bekannt. Als gesichert gilt aber, dass Kinder ab etwa zwei Jahren bereits Alpträume haben können. Die meisten Alpträume treten bei Kindern zwischen dem dritten und dem vierten Lebensjahr auf. Es ist oft eine Phase, in der Kinder beginnen, sich aktiv mit ihrer Umgebung auseinander zu setzen und voller Fragen stecken, wie die Welt beschaffen ist. Alle Eltern kennen die Zeit, in der Kinder ganzen Serien von »Warums« und »Wiesos« fragen und sie förmlich mit ansehen können, wie sich das Kind in rasanter Entwicklung den Kopf darüber zerbricht, wo die Babys herkommen, wer die Sterne gemacht hat oder warum Mami sich heute so schön angezogen hat.

Alpträume sind kein Zeichen einer seelischen Störung.

Nächtliche Alpträume treten bei fast allen Kindern auf, so dass Sie keinerlei Befürchtungen haben müssen, dass Ihr Kind in irgendeiner Weise seelisch gestört ist. Häufig werden Alpträume durch beunruhigende Filme oder Aufregungen vor dem Zubettgehen ausgelöst. Im Allgemeinen hilft ein beruhigendes Gespräch oder eine vertraute Geste. Manchmal genügt es, ein schwaches Nachtlicht einzuschalten, die Tür zum Kinderzimmer einen Spalt zu öffnen oder dem Kind ein bestimmtes Kuscheltier ins Bett zu geben. Manche Kinder entwickeln jedoch nach wiederholten Alpträumen große Ängste vor dem Wiedereinschlafen.

Hilfe bei nächtlichen Alpträumen:

- Versuchen Sie immer behutsam und beruhigend auf Ihr Kind einzuwirken.
- Manchmal kann es hilfreich sein, dem Kind Dinge zu erlauben, die es sonst nicht darf. Für eine gewisse Zeit ist es beispielsweise in Ordnung, dem Kind zu erlauben, zu den Eltern ins Bett zu kriechen, wenn es sich ängstigt. Oft erledigen sich diese kleinen Schlafstörungen dann schon nach kurzer Zeit.
- Kommen die Alpträume aber recht häufig vor und zeigt sich das Kind auch tagsüber ängstlich oder angespannt, dann kann ein Gespräch mit dem Kinderarzt oder einem erfahrenen Familienberater Erleichterung bringen.

Hier möchte ich zunächst einige Empfehlungen geben, die Eltern helfen können, mit mehr Sicherheit auf nächtliche Ängste und Alpträume zu reagieren:

Auf einen Blick: Was tun bei nächtlichen Ängsten und Alpträumen?

- Mit der sprachlichen Entwicklung ab etwa dem 2. Lebensjahr geht eine mitunter rasante Entwicklung der Fantasie einher.
- In dieser Zeit brauchen Kinder angstmindernde Orientierungshilfen. Manchmal hilft ein Nachtlicht im Kinderzimmer oder eine halb geöffnete Tür.
- Es hat wenig Sinn, nächtliche Krisengespräche zu führen. Hilfreicher sind bewährte Beruhigungsrituale und die Nähe zu den Eltern.
- Versuchen Sie nicht, an die Vernunft zu appellieren. Wenn Kinder Angst haben, sind sie ihren Gefühlen ausgeliefert. Gehen Sie am nächsten Tag behutsam auf die Ängste ein.
- Erlauben Sie Ihrem Kind Grenzüberschreitungen. Auch wenn es normalerweise im eigenen Zimmer schläft, braucht Ihr Kind in ängstlichen Zeiten die Erlaubnis, auch mal zu den Eltern ins Bett kriechen zu dürfen.
- Die zuverlässigste Beruhigung für verängstigte Kinder sind Eltern, die dem Kind Geborgenheit und Sicherheit vermitteln. Beweisen Sie durch Ihre Gelassenheit, dass Geister und Hexen Sie nicht beeindrucken können. Ihre Stärke ist Ihre Ruhe, die sich bald auf Ihr Kind übertragen wird.

Angst vor dem Schlafengehen und Alpträume haben ähnliche Ursachen. Sie treten meistens im Zusammenhang mit nicht verarbeiteten Erlebnissen des Tages auf. Kinder haben noch nicht gelernt, die Dinge, die sie beunruhigen, direkt anzusprechen. An die Stelle von Erklärungen treten »Gespenster«, »Außerirdische«, »Hexen« oder andere Fantasiegebilde. Wenn es dunkel wird und die Kinder abends mit sich und ihrer Fantasie allein sind, kommen solche Eindrücke und Erfahrungen wieder hoch. Auch wenn die Erwachsenen sich etwas schwer tun, die Fantasiewelt der Kleinen zu begreifen, hilft es wenig, an die Vernunft zu appellieren. Kinder im Alter von drei oder fünf Jahren täuschen uns nichts vor. Aus dem Blickwinkel der Kinder sind ihre Befürchtungen und Ängste tatsächlich und unausweichlich.

Nicht verarbeitete Alltagserlebnisse können Ängste und Alpträume hervorrufen.

Später werde ich auf die besonderen Schwierigkeiten zu sprechen kommen, denen ein Kind in extremen Situationen ausgesetzt ist (siehe S. 108 ff.).

Entwicklungsbedingte Schlafstörungen – die ersten Monate

In den bisherigen Kapiteln war vereinfachend von dem Kind oder dem Kleinen die Rede. In der Tat gibt es viele Dinge, die bei Kindern aller Altersstufen ähnlich sind. Wichtig ist aber, sich über Schlafschwierigkeiten zu informieren, die im Zuge einer bestimmten Entwicklungsstufe auftreten können. Daher sollen im Folgenden zunächst Neugeborene und Säuglinge bis zum Alter von etwa sechs Monaten betrachtet werden.
Doch selbst bei der Beschränkung auf einen verhältnismäßig kurzen Zeitraum sind kaum alle infrage kommenden Aspekte ausreichend zu berücksichtigen. Deshalb werden nur einige Erkenntnisse aus der Entwicklungspsychologie erörtert, soweit sie für die Beziehung zwischen den Eltern und dem Schlafverhalten ihrer Kinder von Bedeutung sind und darauf Einfluss haben.

Das Neugeborene: ein leeres Buch?

Babys kommunizieren von Anfang an.

Seit Jahren befassen sich Wissenschaftler auf der ganzen Welt mit den Geheimnissen des intimen Zusammenspiels zwischen Müttern und Säuglingen. Damit sollen die Väter nicht ausgegrenzt werden, doch ist das Maß von Nähe und Intimität zwischen Müttern und Kindern für Männer nicht so leicht zu erreichen.
Heute ist bekannt, dass Neugeborene keineswegs ein unbeschriebenes Blatt sind. Babys sind recht ausgeprägte kleine Persönlichkeiten mit einer Vielfalt sozialer Fertigkeiten. Beeindruckend ist ihre Fähigkeit, mit ihren Müttern zu kommunizieren. Auch wenn es kein Wörterbuch für die frühkindliche Körpersprache gibt, so sind ihre Signale leicht zu verstehen. So »sagt« uns das Baby, wenn es die Mutter oder den Vater gerade ansieht, dass es das Gesicht erforscht. Wenn das Kind etwas von der Seite schaut und dabei lacht, so will es unterhalten oder am Bauch gekitzelt werden. Sieht es abrupt zur Seite oder lutscht es aufmerksam an seinem Daumen, so möchte es in Ruhe gelassen werden.

Schreien und Weinen – frühkindliche Sprechübungen

Aus dem Schreien des Babys entwickelt sich eine »Sprache«.

Wie alle Eltern wissen, ist das Schreien eines Babys das wirksamste Mittel, sich gegenüber der Umgebung »Gehör« zu verschaffen. Es ist ihre Form der »Sprache«, mit der sie sich mitteilen. Ihr Schreien ist so schrill und unausweichlich, dass Mütter dabei mit einer Erhöhung von Puls und Blutdruck reagieren und feuchte Hände bekommen – deutliche Anzeichen für eine Stresssituation. Aus nächster Nähe ist das Schreien so laut wie der Lärm einer belebten Verkehrsstraße. Nach wenigen Wochen entwickelt sich aus dem Schreien des Babys allmählich eine regelrechte Sprache. Durch sehr unterschiedliche, einzigar-

tige Laute kann es Hunger-, Wut- oder Schmerzsignale hervorbringen, die die Mutter und andere enge Bezugspersonen immer besser verstehen und deuten lernen.
Jeder Laut eines Babys hat einen unverwechselbaren Aufbau. Aus dem anfänglichen »Bäh-bäh-bäh« entstehen recht unterschiedliche Klanggebilde. Auch wenn es Eltern nicht auf Anhieb gelingt, die »Sprache« ihres Kindes zu verstehen, gibt es keinen Grund, sich zu beunruhigen. Anders als die Wissenschaftler mit ihren komplizierten Apparaturen haben Eltern eine Fähigkeit, die bei den Experten manchmal zu kurz kommt: Einfühlungsvermögen.

Was uns das Baby sagen möchte

- Wenn Sie die Laute Ihres Kindes verstehen, ermutigen Sie es und helfen Sie ihm dabei, sich selbst zu erleben.
- Wenn Sie auf die Signale Ihres Kindes reagieren, fühlt es sich angenommen und bestätigt.
- Auch sehr kleine Kinder können Glück spüren, wenn Sie auf seine Laute reagieren. Das trägt wesentlich zu ihrer Identitätsentwicklung bei und unterstützt die Beziehung zur Mutter.
- Sich mit den Kleinen in der Lautsprache zu unterhalten, trägt zu ihrer Entspannung bei und fördert die sprachliche Entwicklung.

Allein schon wegen ihrer tiefen Verbundenheit mit dem Kind fällt es vielen Müttern leicht, ein feines Gespür für seine Sorgen und Wünsche zu entwickeln. Es lohnt sich, diese Fähigkeit zu verfeinern. Selbst wenn Sie anfangs nichts anderes als ein erbarmungsloses Geschrei wahrnehmen, werden Sie mit der Zeit einen Zusammenhang zwischen dem Schreien und bestimmten Bedürfnissen feststellen.

So beobachten Sie beispielsweise, dass Ihr Kind nach drei Stunden Schlaf regelmäßig schreiend aufwacht. Vermutlich hat das Kind Hunger. Wenn es längere Zeit wach war, sich am Ohr reibt, an keiner Ablenkung Interesse hat und dabei quengelt oder nervtötend schreit, ist es wahrscheinlich müde. Was es auch immer sein mag; durch Ausprobieren werden Sie sehr schnell herausfinden, worin das Problem besteht. Mit der Zeit werden Sie immer sicherer. Ihre »Gespräche« mit dem Kind werden immer ausgefeilter und mit der Zeit hören sie die Vorlieben und Abneigungen Ihres Kindes immer deutlicher heraus. Sie reagieren auf Ihr Kind und Ihr Kind reagiert auf Sie. In der intimen Wechselwirkung zwischen kindlichem Schreien und den Reaktionen der Eltern liegt das Geheimnis der späteren Sprache mittels Wörtern.

Ein alter Hut: Schreien ist gut für die Lungen?

Bereits kleine Kinder entwickeln eigenständige Verhaltensweisen, unabhängig vom Verhalten der Eltern.

Manche Eltern machen sich große Sorgen darüber, dass es ihnen trotz großer Mühe nicht gelingt, eine gute Beziehung zu ihrem Kind aufzubauen. Sie haben das Gefühl, dass sie irgendetwas falsch gemacht haben. Heute wissen wir, dass bereits kleinere Kinder deutliche Merkmale einer eigenständigen Persönlichkeit zeigen, auf die die Eltern trotz liebevoller Sorge wenig Einfluss haben. Durch langjährige Beobachtungen ist es gelungen, das uralte Vorurteil zu widerlegen, dass es den Eltern anzulasten ist, wenn Kinder schwierig sind, schlecht essen oder schlecht schlafen.

Eines dieser Uraltmärchen ist erst durch neuere, beeindruckende Untersuchungen über das Schlafverhalten von Kleinkindern aus der Welt geschafft worden. Es hat ganze Generationen von Müttern in schiere Verzweiflung und Verwirrung gestürzt: In den dreißiger Jahren des letzten Jahrhunderts lautete die verbreitete Auffassung, dass weinende Babys nicht sofort getröstet werden dürften. Es hieß, wer das Kind sofort tröste, verwöhne es und erziehe es zu einer erpresserischen »Heulsuse«. Anerkannte Fachleute vertraten damals die Ansicht, dass das Schreienlassen gut für die Lungen sei. (Selbst wenn das zuträfe, gibt es sicherlich bessere Möglichkeiten, um die Lungen eines Kindes zu stärken.)

Nur versorgte Kinder können das Gefühl von Geborgenheit und Sicherheit entwickeln.

Inzwischen wissen wir, dass das nicht richtig ist. Tatsächlich ist es so, dass die Zeit, um ein Kind zu beruhigen, länger dauert, wenn die Eltern es schreien lassen. Bei Kindern unter einem halben Jahr sollten die Eltern nicht länger als ein bis zwei Minuten warten, bis sie das Kind beruhigen. Kinder, die in den ersten Lebensmonaten regelmäßig sofort getröstet wurden, sind ausgeglichener und weinen weniger als andere Kinder. Sie lernen schon früh, dass ihre Signale verstanden werden und fühlen sich geborgen. Hier entwickeln sie bereits im Säuglingsalter das Gefühl von Sicherheit und Geborgenheit. Ein Baby schreit ja nicht deshalb, weil es die Eltern ärgern will, sondern weil ihm tatsächlich etwas fehlt. Kleinkinder, die von ihren Eltern hilflos abhängig sind, werden nicht dadurch verzogen, indem ihr Bedürfnis nach Nahrung, Streicheln oder Schlaf befriedigt wird. Doch das Ergebnis ist der Mühe wert: Ausreichend versorgte Kinder entwickeln sich zu offenen und kommunikationsfreudigen Persönlichkeiten, die gelernt haben, sich selbst und ihren Eltern zu vertrauen.

Eine gute Beziehung – das beste Schlafmittel

Das Kind halten heißt auch, eine Haltung zum Kind einnehmen.

Eine sehr schöne Möglichkeit, die Beziehung der Mutter – und auch des Vaters – zum Kind zu beschreiben, ist mit dem Wort »halten« gegeben. Besser lässt sich die liebevoll umsorgende Beziehung der Eltern zu ihrem Kind nicht beschreiben. »Halten« in diesem Sinne ist in der mehrfachen Bedeutung von »festhalten«, »sich sorgen« und »stützen« zu verstehen. Das

Halten bezieht sich nicht nur auf das körperliche Halten, zum Beispiel des Köpfchens des Kindes, sondern auch auf die Haltung der Eltern zu ihrem Kind.
Die nüchterne Fachsprache meint im Grunde das Gleiche, wenn sie von einer guten Beziehung zwischen den Eltern und dem Kind spricht. Die Beziehung zwischen der Mutter und dem Kind ist in den ersten Lebensmonaten allumfassend. Die junge Mutter stellt sich fast vollständig auf die Bedürfnisse des Kindes ein, während der Säugling unendliche Wünsche hat. Bei Neugeborenen hat die für uns Erwachsene selbstverständliche Trennung zwischen Körper und Seelenleben noch nicht stattgefunden. Körper und Seele sind in diesem frühen Stadium noch eins. Erst allmählich erkennt das Kleinkind diese zwei Seiten und beginnt in mitunter schmerzlichen Entwicklungsstufen seine Grenzen zu erfahren.
Andererseits liegt aber genau hierin die Chance, die Welt zu begreifen und ihre Begrenztheit als etwas Selbstverständliches hinzunehmen. Das Paradies der völligen Sicherheit und Geborgenheit im geschützten Mutterleib ist für alle Zeit verloren. Nur in der liebevollen Umsorgung durch die Mutter bzw. durch die Eltern kann das Kind das Leben positiv erfahren. Während die Voraussetzung für Geborgenheit und Sicherheit also in einer guten Beziehung zu suchen ist, ist das Mittel hierzu die Sprache oder umfassender, die Kommunikation. Im heutigen Sprachgebrauch verstehen wir darunter alle sprachlichen und nichtsprachlichen Äußerungen, die die Verständigung zwischen den Menschen jeden Alters erst ermöglichen. Im erweiterten Sinne verstehen wir die Körpersprache, bestimmte Handlungen, ja sogar Krankheiten als Teil der Kommunikation. Insofern kann eine Schlafstörung ein Hinweis auf eine gestörte Kommunikation sein. Ob kindliche Ein- oder Durchschlafprobleme tatsächlich auf einer »Beziehungsstörung« beruhen oder aber »rein biologischer Natur« sind, ist nur dann zu beantworten, wenn wir zwischen den zwei Seiten sorgfältig abwägen.

Geborgenheit und Sicherheit entstehen aus der guten Beziehung zwischen Kind und Eltern.

Kann Richtiges falsch sein?

Die Beziehung zwischen Eltern und Kindern ist überaus wichtig. Denn alles, was Sie in der Beziehung zu Ihrem Kind tun, mag es fachlich noch so gut begründet sein, ist, überspitzt gesagt, wertlos, wenn es atmosphärisch nicht stimmt. Erst in der liebevollen Zuwendung wird richtiges Handeln zu Wachstum führen. Damit meine ich natürlich nicht, dass Kinder durch Liebe besser wachsen. Unter Wachstum im Sinne der Familientherapie verstehen wir die Entwicklung eines Menschen zu einer reifen Persönlichkeit.

In dem Gefühl grundsätzlicher Geborgenheit und Sicherheit, die Psychologen sprechen auch von Urvertrauen, kann sogar »Falsches« richtig sein. Ein Säugling, der regelmäßig falsch gewickelt, zu viel gefüttert, zu früh ins Bett gelegt wurde, der nachts noch im ehelichen Bett schlafen durfte und bei dem auch in anderer Hinsicht vieles falsch gemacht wurde, kann sich zu einer großartigen und lebenstüchtigen Persönlichkeit entwickeln. Umgekehrt kennen wir Kinder, die ängstlich und unsicher im Leben stehen, obwohl die Eltern dem Anschein nach alles richtig gemacht haben.

Ohne liebevolle Zuwendung ist fachlich »richtiges« Verhalten wertlos.

An dieser Stelle soll nicht durch die Hintertür das Vorurteil aufgewärmt werden, dass die Eltern für alle Persönlichkeitsanteile und Störungen ihrer Kinder verantwortlich sind. Zum einen hat ein jedes Kind seine individuelle Persönlichkeit, Psychologen sprechen von der Primärpersönlichkeit, in die Wiege gelegt bekommen. Auf der anderen Seite kann ein Kind durch Ereignisse und Erfahrungen ängstlich und unsicher werden, mit denen die Eltern nichts zu tun haben.

Doch hier geht es um etwas anderes. Denn die Eltern sind nun mal so, wie sie sind. Sie haben ein je unterschiedliches Temperament, sind vielleicht zu großzügig, machen sich unnötige Gedanken, sind manchmal schlecht, manchmal gut gelaunt ... Ganz gleichgültig, was die Eltern angeblich »zu viel« oder »zu wenig« sind oder haben: Sie sind – so und nicht anders und aus der Sicht der Kinder – in Ordnung. Kinder haben keine Antennen für »richtiges« oder »falsches« Verhalten, sie haben aber ein ausgesprochen feines Gespür für Stimmigkeit. In dieser Hinsicht sind sie uns Erwachsenen deutlich überlegen. Stimmig ist eine Situation oder ein Verhalten, das durch Merkmale wie Klarheit, Echtheit, Eindeutigkeit, Wärme und vieles mehr beschrieben werden kann. Im Übrigen sind das Eigenschaften, die in dem etwas strapazierten, aber immer noch geltenden Begriff der Liebe reichlich enthalten sind.

Kinder spüren sehr genau, ob das Verhalten der Eltern stimmig ist.

Der richtige Schlafort

Von beinahe philosophischen Gedanken möchte ich jetzt zu einem recht handfesten Aspekt kindlicher Schlafstörungen überleiten. Viele Eltern haben, besonders wenn es das erste Kind ist, ein starkes Bedürfnis nach räumlicher Nähe. Aus Sorge, dass das Baby sich verschluckt, dass sein kleiner Kreislauf noch nicht richtig funktioniert oder dass ihm sonst etwas zustößt, versuchen sie es Tag und Nacht im Auge zu behalten. So verständlich solche Sorgen sind, so besteht auf der anderen Seite die Gefahr, dass die jungen Eltern sich überfordern. Eltern wissen am besten, wie viel Nähe oder wie viel Abstand zu ihrem Kind sie benötigen, um ein sicheres Gefühl zu haben. Ich möchte noch einmal betonen, dass ein Säugling, der ausreichend versorgt ist, dadurch nicht verwöhnt wird.

Wenn Sie möchten, dass der Säugling in Ihrer Nähe schläft, so ist das in Ordnung. Solange das Kind in der Nacht häufig aufwacht, weil es noch oft gestillt werden muss oder sein Fläschchen braucht, spricht zunächst nichts dagegen, es mit in das elterliche Bett zu nehmen.

Gelegentlich wird in der Fachdiskussion ein Zusammenhang zwischen dem plötzlichen Kindstod und dem gemeinsamen

Schlaf im elterlichen Bett hergestellt. Auch wenn die Erklärungen für dieses recht seltene schreckliche Ereignis noch nicht befriedigend sind, so hat man zumindest folgende Frage klären können: Das Auftreten des plötzlichen Kindstodes steht in keinem Zusammenhang mit dem Schlaf im gemeinsamen Bett mit den Eltern.

Der Schlaf des Kindes im elterlichen Bett birgt keinerlei Risiken.

Filmaufnahmen in Schlaflabors haben gezeigt, dass selbst ein Neugeborenes seine Schlafposition verändert, wenn die Eltern sich zu ihm hindrehen. Umgekehrt drehen sich Erwachsene automatisch weg, wenn das Kleine näherrückt. Ein gewisses Risiko besteht nur dann, wenn die natürlichen Reaktionen der Eltern, beispielsweise durch die Einnahme von Schlafmitteln oder durch übermäßigen Alkoholkonsum, vermindert sind. Manchmal wird die Sorge geäußert, dass das Kind aus dem Bett fallen könnte. Doch auch hier hat man beobachtet, dass die Erwachsenen anscheinend unbewusst den Arm schützend um das Kind legen, um ein Herausfallen zu verhindern. Wenn Ihnen das zu unsicher ist, können Sie Ihr Kind auch dadurch schützen, indem Sie die Seite, an der es liegt, durch ein Möbelstück abgrenzen oder das Bett so aufstellen, dass es mit einer Seite an der Wand steht.

Wenn Sie Ihr Kind nachts gelegentlich zu sich holen, sollten Sie jedoch Folgendes berücksichtigen: Der kleine Körper kann sich noch nicht so richtig auf veränderte Temperaturen umstellen. Normalerweise ist es im Kinderbett etwas kühler als im ehelichen Bett. Deshalb ziehen viele Eltern ihr Kind im Schlaf recht warm an. Wenn sie das Kind dann in ihr Bett hinüberholen, kann es zu einem raschen Temperaturanstieg kommen, der für einen Säugling ein gewisses Risiko darstellt. Aus diesem Grunde sollten Eltern darauf achten, ihrem Kind die zusätzlichen warmen Sachen auszuziehen, wenn sie es ins elterliche Bett holen.

Es gibt aber noch ein anderes heißes Thema, das mit dem Schlaf in der Besucherritze zu tun hat. Viele Eltern berichten, dass die Schlafprobleme ihres Kindes durch die gemeinschaftliche Nutzung des Ehebettes zwar gelöst wurden, dass dafür aber ihr Sexualleben nachhaltig gestört wurde. Das Thema scheint mir so wichtig, dass ich später noch ausführlich darauf eingehen werde (siehe S. 90 ff.).

Wenn Ihr Kind unruhig schläft, wenn es strampelt oder eine Neigung zum Querschlafen hat, scheint es sinnvoll, es schon frühzeitig an sein eigenes Bett zu gewöhnen. Dabei spricht ja nichts dagegen, das Kinderbett neben dem gemeinsamen Bett aufzustellen. Manche Eltern schrecken beim leisesten Atemzug ihres Kindes hoch. In diesem Fall ist es ratsam, das Kind in einem Nebenzimmer schlafen zu legen. Die meisten Kinder gewöhnen sich recht bald daran, im Zimmer allein zu sein. Sicherheitshalber sollte die Tür zum Kinderzimmer einen Spaltbreit geöffnet bleiben oder ein Babyphon aufgestellt werden. Gut versorgte Kinder sind weniger anspruchsvoll, als wir manchmal denken. Denn zu einer guten Versorgung zählt auch, regelmäßige und zuverlässige Bedingungen zu schaffen. Tagsüber und wenn Ihr Kind wach ist, haben Sie genügend Zeit, ihm die Wärme und Streicheleinheiten zu geben, auf die ein so kleiner Wurm nun mal angewiesen ist.

Schläft das Kind unruhig, sollte es frühzeitig lernen, im eigenen Bett zu schlafen.

Warum nicht bei Mami im Bett schlafen?

Neben den hier beschriebenen eher praktischen Überlegungen hinsichtlich des Schlafortes gibt es andere gute Gründe, sich Gedanken darüber zu machen, ob Sie mit Ihrem Säugling das Schlafzimmer teilen. Was jahrhundertelang gut und richtig war und in vielen Ländern bis heute gilt, kann nicht innerhalb weniger Jahrzehnte auf einmal völlig falsch sein. Befragungen in den skandinavischen Ländern haben gezeigt, dass beinahe die Hälfte der Dreijährigen und fast ein Drittel der Neunjährigen die Nacht im ehelichen Bett verbringen. Anscheinend ist das nächtliche Hinzukriechen eine weit verbreitete Sitte, die

Die nächtliche Trennung von Kindern und Eltern ist eine Errungenschaft der Neuzeit.

nicht so recht in unsere Zeit zu passen scheint und derer sich viele Eltern, völlig zu Unrecht, schämen.

Tatsächlich ist die nächtliche Trennung der Kinder von ihren Eltern eine Errungenschaft der Neuzeit, zu der es geteilte Meinungen gibt. Die Wurzeln für diese Entwicklung sind auf die Moralvorstellungen des 18. Jahrhunderts zurückzuführen. Damals galt es als »unschicklich«, wenn mehrere Personen in einem Bett schliefen oder sich gar nackt voreinander zeigten. Später wurden solche Vorstellungen durch die Sorge angereichert, dass zu enger Kontakt die Kinder schwäche und sie dadurch verzärtelt würden. Vor diesem Hintergrund setzte sich der Trend durch, für möglichst jedes Familienmitglied einen getrennten Schlafraum vorzusehen.

In heutiger Zeit sind die moralischen Bedenken eher zweitrangig. Demgegenüber fürchten viele Eltern, dass das Kind nicht mehr allein schlafen kann, wenn es sich erst an das gemeinsame Familienbett gewöhnt hat. So verständlich diese Besorgnis sein mag, so selten stellt sie ein tatsächliches Problem dar. Im Allgemeinen haben Kinder ein starkes Bedürfnis nach Unabhängigkeit. Vor allem bei etwas älteren Kindern lässt sich dieses Bedürfnis gut mit der Idee des Größerwerdens vereinbaren.

Die Eltern entscheiden, ab wann das Kind im eigenen Bett schlafen sollte.

Elterliche Verantwortung heißt auch, dass die Eltern die Verantwortung für den Zeitpunkt übernehmen, ab dem das Kind im eigenen Bett oder im eigenen Zimmer schlafen sollte. Für eine gute Beziehung ist es unerlässlich, dass die Eltern und nicht die Kinder über solche Schritte entscheiden. Gerade in dieser Frage sind Eltern gefordert, sich eindeutig und klar zu zeigen. Viele Eltern wissen ein Lied davon zu singen, dass bereits wenige Monate alte Kinder sie in heftige Machtkämpfe verwickeln können. Die Erfahrung lehrt aber, dass es bei Machtkämpfen in der Regel nur Verlierer gibt. Dabei gibt es viel elegantere Lösungen (siehe S. 63 ff.).

Natürlich ist es sinnvoll, die Vor- und Nachteile einer erforderlichen Veränderung abzuwägen. Gleichwohl sollten Sie sich bei

Ihrer Entscheidung über den Zeitpunkt nicht allein von der Vernunft leiten lassen. Wenn Sie das Gefühl haben, dass Ihr Kind eine Weile noch Ihre Nähe braucht, lassen Sie sich und Ihrem Kind die Zeit. Doch wenn Sie das Gefühl haben, dass die Zeit reif ist, nähern Sie sich behutsam und schrittweise einer Lösung, die ich die »Methode des wandernden Bettes« nennen möchte.

Im eigenen Bettchen schlafen

Die »Methode des wandernden Bettes«

Nachdem das Kind vielleicht ein paar Monate im elterlichen Bett geschlafen hat, gewöhnen Sie es allmählich an das eigene Bettchen. Beginnen Sie damit, dass Sie es tagsüber im Kinderbett schlafen lassen. Wenn es gelernt hat, das eigene Bett als genauso sicher und gemütlich wie das elterliche Bett anzusehen, stellen Sie es nachts zu Anfang direkt neben das Ehebett. Selbst wenn das Kind von Zeit zu Zeit mitteilt, dass es in die Arme der Mutter zurückmöchte, machen Sie daraus kein grundsätzliches Problem. Ganz im Gegenteil: Das sichere Gefühl des Kindes, zu den Eltern zurückzudürfen, ist eine wichtige Voraussetzung für den Abnabelungsprozess.

Wenn Sie nach einigen Tagen oder Wochen das Gefühl haben, dass Ihr Kind mehr Freiheit aushalten kann, stellen Sie in der nächsten Nacht das Bett etwas entfernter vom ehelichen Bett auf. Auf diese Weise können Sie schrittweise den Abstand vergrößern. Wenn Sie feststellen, dass Sie in einer Nacht zu weit gegangen sind, holen Sie es wieder etwas näher heran. An der Reaktion Ihres Kindes werden Sie erkennen, wie viel Nähe oder Entfernung es aushalten kann. Schließlich werden Sie dahinkommen, dass Ihr Kind sich auch in seinem Kinderzimmer wohl fühlt.

Nicht immer gelingt es auf Anhieb, dass die Kinder sich nach den Wünschen der Erwachsenen verhalten. So kann es natürlich zu Rückschritten bei der allmählichen räumlichen Trennung von den Eltern kommen. Auch wenn das Kind schließlich in seinem eigenen Bett im Kinderzimmer schläft, vermitteln Sie ihm weiter die Sicherheit, dass es jederzeit zu Ihnen zurückkommen darf, insbesondere wenn es sich einsam fühlt oder krank ist. Gerade in einer solchen Situation sind Machtkämpfe kaum geeignet, so wichtige Dinge wie Unabhängigkeit und Selbstvertrauen zu lernen, um die es hier geht.

Wie ältere Kinder im eigenen Bett schlafen

Desensibilisierung führt auch bei älteren Kindern zum Erfolg.

Auch bei etwas älteren Kindern können Sie nach der gleichen Methode, Desensibilisierung genannt, vorgehen. Wichtig ist, dass Sie das Verfahren konsequent durchhalten und es auch beim Mittagsschlaf und dann einsetzen, wenn das Kind nachts aufwacht.
Wenn Sie die Methode anwenden möchten, kann es so ablaufen, dass Sie sich auf einen Stuhl in der Nähe des Bettes setzen und warten, bis das Kind eingeschlafen ist. Ähnlich wie bei dem wandernden Bettchen ihres Kleinkindes, vergrößern Sie an jedem Tag den Abstand zum Kinderbett, bis Sie die Tür erreicht haben. Nutzen Sie dabei das Bedürfnis der Kinder nach Anerkennung und Unabhängigkeit. Kleine Belohnungen oder Erlaubnisse können Wunder bewirken. Sprechen Sie mit dem Kind über die Erfolge und loben Sie es für jede weitere erreichte Stufe. Selbst wenn es zwei bis drei Wochen dauern mag, bis sich der Erfolg einstellt, lohnt sich die Mühe vor allem auch deshalb, weil das Kind etwas über das Lernen lernt. Es macht die Erfahrung, dass es alleine einschlafen kann. Die Erfahrung, dass es etwas schaffen kann, überträgt sich auch auf andere Lernprozesse in Form einer so genannten Erfolgserwartung, die wir im Alltag mit Optimismus übersetzen.

Schlafstörungen überwinden

In diesem Kapitel geht es um folgende Fragen:

- Wie funktioniert ein Schlaftraining?
- Wann fühlt sich Ihr Kind sicher und geborgen?
- Wie können die Eltern für sich sorgen?

Ungünstige Schlafgewohnheiten

Im vorhergehenden Kapitel habe ich mich vorwiegend mit den Schlafgewohnheiten bei Kleinkindern und Säuglingen befasst. Solange Kinder nicht sprechen können, kommunizieren wir mit ihnen durch Laute, Blicke, Berührungen und vieles mehr. Kleinkinder haben nur wenige Möglichkeiten, sich für die Mühen ihrer Eltern zu bedanken. Es geschieht durch Lachen, Lächeln oder freudiges Zappeln. Um dieses zu erreichen und möglichst zu steigern, bringen wir Erwachsenen eine Menge Energie auf. Die meisten Eltern sind nach den ersten stressigen Wochen und Monaten bescheidener geworden. Oft sind sie schon zufrieden, wenn das Kleine ruhig mit seinem Räppelchen spielt, nach der Mahlzeit ein Bäuerchen macht oder einfach ruhig einschläft.

Erst ab dem 6. Monat entwickeln sich feste Schlafgewohnheiten.

Nachdem Sie und Ihr Baby die anstrengenden ersten Monate ohne nennenswerten Schaden überstanden haben, können Sie vom sechsten Lebensmonat an allmählich wieder durchatmen. Nach und nach beginnt das Kind, sich aktiv mit der Umgebung auseinander zu setzen. Körper und Seele bekommen ihre eigene Bedeutung und das Kind lernt, die Dinge zu unterscheiden. Im doppelten Wortsinne beginnt es die Welt nun klarer zu erkennen. Denn Säuglinge haben zwar ausgezeichnete Ohren, doch können sie anfangs nur sehr schlecht sehen. Auch lernt das Kleinkind, dass es nicht mehr Teil der Mutter ist, sondern begreift, dass Mami und Papi zwei unterschiedliche und von ihm unabhängige Lebewesen sind. Die Fähigkeit des Babys zu lernen wird komplexer, der Wille prägt sich stärker aus, es erfährt Grenzen und erlebt Zurückweisungen. Es beginnt zu verstehen, dass nicht alles, was Spaß macht, auch gut ist. So erfährt es, dass heißes Wasser weh tun kann, dass es schmerzt, wenn der Finger in die Tür kommt usw. Aus »Bäh-bäh« wird allmählich »Da-da«, und es kann den Sinn von »nein«, »komm« und anderen einfachen Worten verstehen.

Eine lehrreiche Zeit beginnt. Gleichzeitig bekommen körperliche Vorgänge eine gewisse Regelmäßigkeit. Der Schlafrhythmus gleicht sich allmählich an den der Eltern an, die Zeiten des Nachtschlafes werden immer länger, während der Tagschlaf gleichzeitig abnimmt.
Während der Schlafrhythmus des Neugeborenen hauptsächlich von organischen Vorgängen wie Essen, Trinken, Bauchschmerzen, Temperatur und vielem mehr bestimmt wurde, spielen nun Gewohnheiten eine zunehmende Rolle.
Wie Sie wissen, können wir Säuglinge bis zum sechsten, siebten Monat kaum verwöhnen, sondern nur ausreichend versorgen. Doch können sich recht früh ungünstige Schlafgewohnheiten herausbilden, die zu erheblichen Störungen des kindlichen Schlafes führen können. Wie es zu solchen ungünstigen Schlafgewohnheiten kommt und wie sie zu lösen sind, möchte ich in diesem Kapitel erläutern.

Verhaltensänderungen herbeiführen

Verhaltenstherapie kann, liebevoll angewendet, Ängste abbauen.

Bei der Behandlung ungünstiger Schlafgewohnheiten hat sich die Verhaltenstherapie als recht erfolgreich herausgestellt. Ihr Erfolg beruht darauf, dass der Patient unerwünschte Gewohnheiten verlernt und sie durch erwünschte ersetzt, wobei sie sich weniger mit den Ursachen, sondern hauptsächlich der Störung, also dem Verhalten selbst, zuwendet.
Um die Methode etwas anschaulicher zu machen, soll an einem Beispiel gezeigt werden, wie sich Angst durch ein Verhaltenstraining abbauen lässt. Denn Angst ist einer der Hauptgründe, wenn Kinder schlecht einschlafen oder immer wieder wach werden.
Bevor ich also ein spezielles Einschlaftraining vorstelle, möchte ich zunächst aufzeigen, wie wir dazu beitragen können, dass Kinder bestimmte Ängste verlieren.

Sie erinnern sich, wie der dreijährige Jan mit seiner Mutter vor dem zischenden Schacht einer Waschanlage steht und voller Schrecken zusehen muss, wie sein lieber Papi vor seinen Augen verschwindet. Das für ihn schreckliche Ereignis führte neben der abendlichen Einschlafstörung noch zu einer weiteren Störung. Zu ihrer Überraschung bemerkten die Eltern erst mehrere Tage nach dem Vorfall beim Blumengießen im Garten eine zunächst unerklärliche, aber heftige Angstreaktion. Das zischende Geräusch des Wasserstrahles aus dem Gartenschlauch hatte anscheinend Jans Erinnerung an das Ereignis wieder wachgerufen. Wir sprechen bei solchen unerklärlichen isolierten Ängsten von Phobien. Gerade in der Behandlung von Phobien hat die Verhaltenstherapie gute Erfolge vorzuweisen. Jan hatte das Glück, dass sein Vater mit der Verhaltenstherapie vertraut ist. Ohne mit seinem Sohn über das Problem zu sprechen, verband er gelegentliche gemeinsame Unternehmungen mit angstmindernden Wasserspielen: Es begann damit, dass er gemeinsam mit seinem Sohn eine Blume einpflanzte, die natürlich etwas Wasser braucht. Bei den ersten Versuchen machte es der Vater vor, bis der Sohn von sich aus fragte, ob er auch gießen dürfe. Ohne Eile – das Programm zog sich über Wochen – wurde das Risiko in kleinen Schritten immer mehr vergrößert. Einmal begab sich der Vater mit dem Sohn in die Badewanne, um Qietsche-Entchen und später Modellautos abzubrausen, ein anderes Mal fuhren sie in einen Freizeitpark, um sich ein Wasserspiel anzusehen. Schließlich ging es zur »Reifeprüfung«: Nachdem mehrere Autowaschanlagen von außen genügend lange beobachtet und ihre Gefährlichkeit diskutiert wurde, äußerte Jan den Wunsch, mit Papa durch so einen Schacht zu fahren. Es wurde ein großartiges Erlebnis, das mit einem riesigen Eis, natürlich für beide, belohnt wurde.
Seit diesem Tag ist Jan wieder die Wasserratte, wie er sie vor dem Erlebnis war. Durch eine harmlose Maßnahme hat er seine Angst wie auch seine Einschlafstörungen überwunden.

Bei Phobien kann eine Verhaltenstherapie sehr gut helfen.

Schlafen lernen nach Plan – endlich Ruhe im Haus?

Das Beispiel von Jan zeigt, dass die manchmal kritisch gesehene Verhaltenstherapie bei liebevoller Anwendung durchaus dazu beitragen kann, dass Kinder bestimmte Ängste verlieren.
Ebenso lässt sich die Verhaltenstherapie auch bei anderen Ängsten anwenden, die zu Schlafstörungen führen. Solange Sie einen liebevollen und verstehenden Kontakt zu Ihrem Kind halten, eignet sich die Methode auch für Menschen ohne therapeutische Kenntnisse. In der einfachsten Form ist die Verhaltenstherapie ja nichts anderes, als das, was wir den gesunden Menschenverstand nennen. Die meisten Eltern wenden sie im Alltag an, ohne sich darüber bewusst zu sein. Der Unterschied zwischen Alltagsverhalten und Verhaltenstherapie besteht darin, dass Sie bei der Therapie planmäßig vorgehen.
Wenn Sie also gezielt eine Verhaltensänderung bewirken möchten, ist es ratsam, vorher genau festzulegen, worin das Problem besteht und was für Sie eine befriedigende Lösung ist.
Entscheidend ist, dass Sie nach sorgfältiger Abwägung die Veränderung wirklich wollen. Schließlich sind Sie es, die sich von einem Tag zum anderen, für das Kind manchmal unbegreifbar, deutlich anders verhalten, als Sie es bisher getan haben. Das verlangt auch von Ihnen für eine geraume Zeit erhöhte Selbstdisziplin; eine Mühe, die sich allerdings lohnt.

Eltern können eine Verhaltsänderung ihrer Kinder durch planmäßiges Vorgehen bewirken.

Doch möchte ich eindringlich vor Experimenten warnen. Wenn Sie auf ähnliche Weise wie bei Jan behutsam eine leichte Störung behandeln, so ist das kein Problem. Wenn Sie Ihrem Kind aber beispielsweise die Erfahrung nahe bringen möchten, dass selbst lang anhaltendes Schreien nicht durch Zuwendung belohnt wird, kann das im harmlosesten Fall ein Misserfolg werden. Das Kind macht z.B. die Erfahrung, dass es sehr lange schreien muss, bis die Mutter schließlich dann doch kommt, um es zu beruhigen. In Zukunft wird es also immer sehr lange weinen, da es gelernt hat, dass die Mami nur dann kommt,

Aussichtslose Machtkämpfe zwischen Eltern und Kind können erhebliche Störungen hervorrufen.

wenn es lange genug weint. Unter Umständen zieht sich so ein Schrei-Duell über zwei, drei Stunden hin, das nicht selten dadurch beendet wird, dass ein Elternteil nach erbitterter Auseinandersetzung schließlich einlenkt. Der Schaden für die kleine Persönlichkeit, wenn sich das Kind erschöpft aufgibt, ist kaum zu ermessen. Vermutlich wird dieses Kind später Angst vor dem Alleinsein und Trennungsängste, wenn nicht noch schlimmere Störungen, entwickeln. So sind solche aussichtlosen Machtkämpfe, wenn sie häufig stattfinden und bei denen es keine Sieger gibt, mitverursachend für spätere Verhaltensauffälligkeiten und schwere Persönlichkeitsstörungen, von denen die Borderline-Persönlichkeitsstörung vielleicht noch die bekannteste ist. Wenn wir uns zudem vergegenwärtigen, dass viele Suchterkrankungen mit dem unbestimmten Gefühl zu tun haben, dass im Leben irgend etwas gefehlt hat, so ist nachzuvollziehen, welche Folgen solche erheblichen Beeinträchtigungen haben können.

Behandlung einer leichten Schlafstörung

Das folgende Beispiel zeigt, wie eine leichte Einschlafstörung mit Gelassenheit und Fantasie und durch eine geringfügige Veränderung verlernt werden kann:

☛ *Stefanie, ein freundliches und lebendiges Mädchen von fünf Jahren, ist selbstbewusst und fantasievoll genug, ihre lieben Eltern mit aufregenden Ablenkungsmanövern Abend für Abend bis spät bis in die Nacht hinzuhalten. Freundliche Bitten, kleine Bestechungen, Schimpfen, Nichtbeachten und vieles mehr können die Tochter nicht beeindrucken. Auf Anraten eines erfahrenen Kinderarztes nehmen die Eltern einige kleine Veränderungen vor. Als erstes bekommt das Kind die Erlaubnis, so lange aufzubleiben, wie sie möchte. Stefanie nimmt die Veränderung erfreut zur Kenntnis. Doch damit verliert das Spiel seinen Reiz. Statt des abendlichen Machtkampfes wird ein für sie interessantes, aber zugleich entspannendes Einschlafritual eingeführt, das ihr zudem Spaß macht. Zusätzlich wird mit ihr die Vereinbarung getroffen, dass sie immer dann mit dem Ritual anfangen darf, sobald sie müde wird. Nach wenigen Tagen gelingt es den Eltern mühelos, den Zeitpunkt des Rituals – schrittweise – immer weiter nach vorne zu verschieben.*

Es sind manchmal die kleinen, scheinbar unbedeutenden Veränderungen, die große Wirkungen zeigen. Das bei Stefanie angewandte Verfahren war kein reines Verhaltenstraining. Zusätzlich wurden Entspannungstechniken, ein Ritual und eine so genannte Verhaltensverschreibung eingeführt. Der Kunstgriff besteht darin, dem Kind die Verantwortung für den Zeitpunkt des Zubettgehens in die Hand zu geben. Es bekommt dadurch etwas mehr Autonomie, die Kinder im Allgemeinen dankbar annehmen. Hierdurch wird die Situation umgedeutet, wodurch das Spiel um die Macht seinen Sinn verliert. Bevor ich auf einige weitere Aspekte dieser Technik, auch Reframing genannt, eingehe, möchte ich im Folgenden einige Trainings-Programme und die Bedeutung des Schlaftagebuches erläutern.

Schon kleine Veränderungen können eine große Wirkung zeigen.

Das Schlaf-Tagebuch für die Nacht

Wenn Sie ein Schlaftraining in Betracht ziehen, sollten Sie zuvor das Problem sorgfältig und möglichst schriftlich erfassen. Hierzu zählt auch, dass Sie die geplanten Veränderungen festlegen und beschreiben, wie eine befriedigende Lösung aussehen könnte. Denn allein dadurch, dass sie das Problem beschreiben, findet auch bei den Eltern eine Veränderung statt. Sie sehen die Dinge klarer, stellen vielleicht sogar fest, dass es eigentlich gar kein Problem gibt oder es fällt ihnen etwas auf, was sie bisher nicht beachtet hatten. Hierzu ist es hilfreich, etwa zwei Wochen lang ein Schlaf-Tagebuch zu führen.

Was gehört ins Schlaftagebuch?

- Uhrzeit des Zubettgehens, Zeitpunkt des Einschlafens, nächtliche Aufwachzeiten, Zubettgehzeit der Eltern, morgendliche Aufwachzeit
- Gründe für das Wiederaufwachen, soweit bekannt, z.B. Durst, Hunger, Bauchschmerzen, Toilettengang usw.
- Dauer des Wachbleibens, Wiedereinschlafzeiten
- Besondere Ereignisse, z.B. Schlafwandeln, Nachtschreck, Zähneknirschen, Bettnässen usw.
- Wie lange haben Sie gewartet, bis Sie zum Kind gingen? Was haben Sie unternommen, um es zu beruhigen?
- Zu welchen Zeiten schläft Ihr Kind tagsüber? – Was tun Sie, wenn es tagsüber wach wird?

Wenn Sie gerne am Computer arbeiten, erstellen Sie eine Excel-Tabelle, die für jeden relevanten Aspekt eine Spalte vorsieht. Wenn Sie diese dann auch noch grafisch darstellen, bekommen Sie einen guten Überblick über den Verlauf. Noch einfacher können Sie es haben, wenn Sie sich aus dem Internet einen Vordruck für ein Schlafprotokoll herunterladen.

Ein Schlaf-Tagebuch zu erstellen, braucht Zeit.

Gleichgültig welche Form der Aufzeichnung Sie wählen: Lassen Sie sich Zeit, um in Ruhe die Ergebnisse zusammenzutragen. Nach etwa zwei bis drei Wochen sollten Sie ein brauchbares Bild davon haben, wie die Nächte verlaufen. Manchmal machen Eltern die überraschende Entdeckung, dass das Problem offensichtlich harmloser ist, als es erschien. So könnte ihnen zum Beispiel auffallen, dass ihr Kind am Nachmittag sehr lange schläft und darum abends gar nicht müde sein kann. Natürlich sind solche Aufzeichnungen eine zusätzliche Last. Allerdings gibt es recht komplizierte und schwer wiegende Schlafstörungen, die nicht so nebenbei zu behandeln sind. In solchen Fällen ist fachlicher Rat unerlässlich. Wenn sich Eltern vertrauensvoll an einen erfahrenen Kinderarzt oder Verhaltenstherapeuten wenden, so wird er ein gut geführtes Schlaf-Tagebuch als wertvolle Hilfe zu schätzen wissen. Insofern kann das Protokoll auch dazu beitragen, dass bestimmte Schlafstörungen ausgeschlossen werden.

Wenn Sie die Geduld und Zeit haben, führen Sie das Tagebuch noch eine Zeit weiter, auch wenn das Schlafproblem dem Anschein nach schon gelöst ist. So können Sie gut ablesen, wie Ihr Verhalten das Verhalten Ihres Kindes verändert. Bewahren Sie das Schlaftagebuch eine Zeit lang auf. Sollte es später zu erneuten Störungen des Schlafverhaltens kommen, so haben Sie im Gespräch mit dem Fachmann eine gute Grundlage.

Das Schlaf-Tagebuch vermittelt ein hilfreiches Bild vom Verlauf der Nacht.

Das Schlaf-Tagebuch in der Praxis

Bevor ich im Folgenden eine bewährte Methode zur Behandlung von Ein- und Durchschlafstörungen beschreibe, möchte ich an einem Beispiel zeigen, dass das Schlaf-Tagebuch eine wertvolle Hilfe sein kann:

Das Schlaf-Tagebuch der zweieinhalb Jahre alten Marie-Kathrin zeigt jede Nacht ein ganz bestimmtes Muster. Immer wenn das Kind aufwacht, steht die Mutter auf und bringt ihm sein Fläschchen. Damit Marie-Kathrin sich in ihrem schönen alten, aber eigentlich zu großen Bett nicht so allein fühlt, hat sich die Mutter angewöhnt, zu ihr ins Bett zu kriechen und sich anzukuscheln. Durch dieses Vorgehen schläft Marie-Kathrin nach einer Schlafunterbrechung auch immer ganz gut wieder ein. Da die Mutter aber im gemeinsamen Bett mit der Tochter nicht so gut schlafen kann, begibt sie sich nach etwa einer hal-

ben Stunde in ihr Ehebett zurück. Durch die nächtliche Aktion ist die Mutter aber wieder ziemlich wach geworden und benötigt ihrerseits zwanzig bis dreißig Minuten, um selber einzuschlafen. Das Spiel wiederholt sich in jeder Nacht fünf- bis sechsmal. Am nächsten Morgen wacht Marie-Kathrin wohl ausgeruht und in bester Stimmung auf.
Die Mutter hingegen ist am Morgen unausgeruht, übernächtigt und gereizt.

Das Beispiel zeigt anschaulich, wie Mutter und Tochter in ihren gegenseitigen Erwartungen verzahnt sind. Während die Tochter für ihr Aufwachen, vielleicht auch für ihr Quengeln, mit einem Fläschchen und mit Kuscheln beruhigt und belohnt wird, handelt die Mutter in dem guten Glauben, dass ihr Vorgehen die einzige Möglichkeit ist, das Kind zum Schlafen zu bringen.

☛ *In einem Gespräch mit einem erfahrenen Kinderarzt wird klar, dass das Wachbleiben aus Sicht von Marie-Kathrin viel angenehmer ist, als sofort wieder einzuschlafen. Er empfiehlt, der Tochter in der Nacht statt Milch stark verdünnten Tee zu reichen. Marie-Kathrin wird die überraschende Erfahrung machen, dass ihr nächtliches Schreien nicht mehr belohnt wird. Auf Empfehlung des Arztes kuschelt die Mutter nun auch nicht mehr bei ihrem Kind, sondern hält ihm geduldig die Hand. Auch das ist ein Rückzug von einem Verhalten, das das Kind als Belohnung für sein Schreien deuten könnte. Ähnlich wie bei der Methode des wandernden Bettes zieht die Mutter sich immer mehr zurück. In einem weiteren Schritt lässt sie die Hand los und redet nur noch beruhigend auf das Kind ein. Allmählich rückt sie auch ihren Stuhl vom Bett des Kindes weg und es gelingt ihr, sich immer weiter zu entfernen, ohne dass Marie-Kathrin zu weinen beginnt. Schließlich erreicht die Mutter, dass das Kind beim Aufwachen nicht mehr nach ihr ruft, sondern sich auf die andere Seite dreht und weiterschläft.*

Die Ferber-Methode – Ruhe schon nach drei Tagen?

Ein wirksames, aber nicht unumstrittenes Verfahren zur Behandlung kindlicher Schlafstörungen

Vor wenigen Jahren war die Ferber-Methode in Deutschland noch wenig bekannt. Inzwischen ist das anders geworden und die Meinungen gehen sowohl bei Fachleuten als auch bei betroffenen Familien mitunter heftig auseinander. Die einen sprechen von einer herzlosen Methode, während die anderen sie wegen ihrer unbestreitbaren und nachweislichen Erfolge in höchsten Tönen loben.
Was nun ist die Ferber-Methode und wie funktioniert sie? Und ist sie wirklich so herzlos, wie ihre Gegner behaupten? Als erfahrener Pädagoge und Therapeut darf ich Ihnen versichern, dass die Methode an sich zunächst keine Gefahr für das Kind darstellt. Doch bei unsachgemäßer Anwendung kann sie, wie auch anderes Fehlverhalten, dem Kind erheblichen Schaden zufügen.

Woher kommt die Ferber-Methode?

Professor Richard Ferber, ein Kinderarzt und weltweit anerkannter Schlafforscher aus Boston, entwickelte Mitte der 80er Jahre ein wirksames Verfahren zur Behandlung von kindlichen Schlafstörungen. Es ist hauptsächlich der Diplom-Psychologin Annette Kast-Zahn und dem Düsseldorfer Kinderarzt Dr. Hartmut Morgenroth zu verdanken, dass dieses Verfahren Anfang der 90er Jahre auch in Deutschland bekannt wurde. Sie haben die Methode aber nicht einfach eins-zu-eins aus Amerika übernommen, sondern sie wissenschaftlich untersucht und sorgfältig erprobt. Gegenüber der ursprünglichen Form haben sie eine kleine, aber wesentliche Veränderung vorgenommen. Sie besteht darin, dass sie die so genannten Auszeiten verkürzt haben, wodurch die Ferber-Methode auch hierzulande angenommen wurde und großen Zuspruch erfuhr.

Wie funktioniert die Ferber-Methode?

Das Prinzip der Ferber-Methode ist im Grunde genommen recht einfach. Es beruht auf der Grundlage der bereits erwähnten Verhaltenstherapie, die davon ausgeht, dass jegliches menschliches Verhalten irgendwann einmal gelernt wurde. Bei der Erforschung solcher Lernvorgänge machte die Wissenschaft die interessante Entdeckung, dass gelernte Reaktionen auf einen bestimmten Reiz auch wieder verlernt werden können. So fanden die Forscher bei Tierversuchen heraus, dass bestimmte Verhaltensweisen durch Aufmerksamkeit und Anerkennung verstärkt, während andere durch Nichtbeachtung neutralisiert werden können. Indem unerwünschtes Verhalten mit einem unangenehmen Reiz verbunden wird, lassen sich sogar »falsch« gelernte Verhaltensweisen systematisch wieder verlernen.

»Falsche« Verhaltensweisen lassen sich wieder verlernen.

Dass die Ergebnisse solcher Versuche neben ethischen Bedenken nicht direkt auf den Menschen übertragen werden können und dass solche Lernvorgänge in Wirklichkeit viel komplizierter sind, soll uns hier nicht weiter beschäftigen. Dennoch liegt der Ferber-Methode dieses Prinzip von Lernen und Verlernen bestimmter Verhaltensweisen bzw. Angewohnheiten zugrunde.
Bevor Sie sich überhaupt mit dem Gedanken befassen, die Ferber-Methode anzuwenden, müssen allerdings bestimmte Voraussetzungen erfüllt sein. So muss klar sein, dass eine organische Ursache für die Schlafstörung auszuschließen ist. Eine organische Ursache kann auch eine biologisch bedingte Einschlafverzögerung oder Aufwachstörung sein, die nicht immer leicht zu erkennen ist.
Als zweite Bedingung gilt es herauszufinden, dass die Schlafstörungen des Kindes auf nichts anderes als auf ungünstige Schlafgewohnheiten zurückgehen. Wie ich später noch zeigen werde (S. 108 ff.), gibt es einige weitere Gründe, wenn Kinder nicht schlafen können, die auf emotionale Spannungen zurückzuführen sind. Hier also geht es lediglich um schlechte Ange-

wohnheiten. Und zwar nicht nur auf Seiten des Kindes, sondern auch auf Elternseite.
Ein Kind mit ungünstigen Schlafgewohnheiten hat sich angewöhnt zu schreien, um eine bestimmte Form der Zuwendung zu bekommen. Es hat sich beispielsweise daran gewöhnt, jedes Mal, wenn es nachts aufwacht, sein Fläschchen zu bekommen, auf dem Arm getragen zu werden oder ein Lied zu hören. Kinder können bereits im Alter von wenigen Monaten lernen: Wenn ich schreie, kommt meine Mami oder mein Papi und macht etwas Schönes mit mir. Da die Eltern tatsächlich auch bald kommen, muss das Schreien – aus Sicht des Kindes – das richtige Mittel sein, die erwartete Belohnung zu bekommen. Je häufiger die Eltern dieses Spiel in dem guten Glauben wiederholen, dass das Kind nur auf diese Weise einschläft, umso sicherer fühlt es sich, dass sein Schreien zum Erfolg führt. Und es funktioniert ja auch. In ihrer manchmal verzweifelten Lage, z.B. wenn Geschwister durch das Schreien aufwachen könnten, geben die Eltern immer häufiger nach. Das kann dazu führen, dass die Kinder ihre Eltern regelrecht in der Hand haben.
Wenn die Ehepartner sich zudem über ihr Vorgehen nicht einig sind, kann das Problem zu einem familiären Teufelskreis werden. In einem solchen Teufelskreis erreichen nicht die Eltern, dass das Kind schneller und besser einschläft, sondern das Kind erreicht durch sein Verhalten, dass die Eltern noch mehr auf seine Wünsche eingehen.
Die Ferber-Methode hebt diesen Teufelskreis durch einen ebenso einfachen wie wirksamen Kunstgriff wieder auf. Und zwar bekommt das Kind gerade so viel Zuwendung, wie es braucht, um sich nicht einsam und ängstlich zu fühlen. Mehr aber nicht. Es bekommt keine zusätzlichen Belohnungen wie das Herumtragen, nächtliches Liedervorsingen oder ähnliches. Wie bei Marie-Kathrin (Beispiel S. 69 f.), fällt die Belohnung für das Schreien also bescheidener aus, als das Kind erwartet. Nach mehrmaliger Wiederholung dieses Vorganges lernt das Kind,

Der Kunstgriff: Nächtliche Zuwendung ist erlaubt, aber keine zusätzlichen Belohnungen.

dass es sich nicht lohnt, für das bisschen Zuwendung so lange und so laut zu schreien. In der ersten Zeit der veränderten Behandlung wird es natürlich lauthals protestieren und verlangen, dass alles wieder wie vorher ist. Darauf lassen sich die Eltern aber nicht ein. Sie gehen zwar in regelmäßigen Abständen zu dem Kind in das Zimmer, streicheln es etwas, erklären vielleicht mit ruhiger Stimme, dass alles in Ordnung ist usw. Auf jeden Fall nehmen die Eltern aber das Kind nicht aus dem Bettchen, geben ihm nicht das erwartete Fläschchen oder holen es nicht ins elterliche Bett. Das ist im Grunde das ganze Geheimnis dieser Methode.

Bevor Sie die Ferber-Methode anwenden, sollten Sie alle Fragen im nebenstehenden Kasten genau prüfen.

Wenn Sie auch weiterhin, vielleicht nach Rücksprache mit Ihrem Kinderarzt oder einem Kinderpsychologen, diese Veränderung erreichen möchten, kann die Ferber-Methode der richtige Weg sein. Allerdings gibt es auch andere sanftere Methoden gibt, die zu ähnlichen Erfolgen führen. Ich werde sie später beschreiben (siehe S. 82 f.).

Die Ferber-Methode in der Praxis

Durch die Einführung eines regelmäßigen Tag-Nacht-Rhythmus' verschwinden leichte Schlafprobleme »wie von selbst«.

Unabhängig davon, wann Sie Ihr Kind bisher zum Schlafen gebracht haben, sollten Sie es nun immer zur gleichen Zeit zu Bett bringen. Mit sechs Monaten, also dem frühesten Zeitpunkt, zu dem die Methode überhaupt in Betracht kommt, braucht das Kind nachts keine Mahlzeiten mehr und ist vielfach in der Lage, bereits etwa 11 Stunden durchzuschlafen. Auch sollten die Mahlzeiten mit dem Beginn des Trainings möglichst zur gleichen Zeiten erfolgen. Indem die Tagesabläufe sich regelmäßig wiederholen, stellt sich die innere Uhr der Kinder auf einen festen Rhythmus ein. Sie werden dann immer zur gleichen Zeit müde, verlangen zu festen Zeiten nach zusätzlichen Tagesschläfchen

Wenn Sie die Ferber-Methode anwenden möchten, sollten Sie sich zunächst folgende Fragen stellen und mit Ihrem Partner besprechen:

- Sind die Schlafstörungen meines Kindes so erheblich, dass dringend etwas geschehen muss?
- Ziehe ich mit meinem Partner an einem Strang? Sind wir beide gleichermaßen bereit, das Problem anzugehen?
- Worin besteht das Problem, was spielt alles eine Rolle? Wer leidet am stärksten unter den Schlafstörungen?
- Handelt es sich tatsächlich um ungünstige bzw. störende Schlafgewohnheiten oder steckt mehr dahinter, zum Beispiel eine medizinische Ursache, die abgeklärt werden sollte?
- Ist mein Kind mindestens sechs Monate alt oder älter? Kann ich andere Ursachen wie Krankheiten, Alpträume oder eine besondere Krisensituation ausschließen?
- Welche Rolle spielen insbesondere bei älteren Kindern Schulprobleme, Konflikte mit anderen Kindern, die Geburt eines Geschwisterkindes usw.?
- Wie könnte eine Lösung aussehen; was müsste sich verändern?
- Was wäre das beste Ergebnis; was wäre das mindeste, was ich erwarte?
- Was sagt mir das Schlaf-Tagebuch? Sind die Störungen tatsächlich schwerwiegend oder lassen sie sich auch ohne ein Schlaftraining beheben?
- Bin ich bereit, mir genügend Zeit zu nehmen und einen Teil meines Jahresurlaubes für die Anwendung des Programms zu opfern?
- Hilft mir das Training auch dann, wenn das Kind zwar besser, aber immer noch nicht durchschläft?

und wachen in einem bestimmten Rhythmus auf. Bei manchen Kindern lösen sich die Schlafprobleme bereits durch so schlichte Maßnahmen in Wohlgefallen auf.

Die Eltern bestimmen den Schlafrhythmus

Bei der Festlegung der abendlichen Einschlafzeit richten Sie sich nach Ihren eigenen Bedürfnissen. Wenn ein Partner z.B. nicht vor 19.30 Uhr von der Arbeit heimkehrt und dennoch mit dem Kleinen etwas schmusen möchte, würde sich anbieten, das Kind um 20.00 Uhr zu Bett zu bringen. Wenn Ihr Kind 11 Stunden schläft, dann ist es etwa um 7.00 Uhr ausgeschlafen.
Bis zu einem Jahr sollten Kinder tagsüber noch zwei Kurzschläfchen halten. Einer könnte am Vormittag zwischen 10.00 Uhr und 11.30 Uhr sein und einer nachmittags etwa in der Zeit von 14.30 bis 15.30 Uhr. Abweichungen sind nicht so entscheidend, wichtiger ist die Regelmäßigkeit.

Die Eltern, nicht die Kinder entscheiden über den Schlafrhythmus.

Achten Sie darauf, dass Sie, nicht die Kinder, über den Schlafrhythmus entscheiden. Notfalls greifen Sie steuernd ein. Nach der Ferber-Methode ist auch sanftes Wecken erlaubt, um das Kind an den Tag-Nacht-Rhythmus zu gewöhnen. Sie stellen selbst am besten fest, ob Ihr Kind ausreichend oder zu wenig Schlaf bekommt. Sorgen Sie dafür, dass es den Unterschied zwischen Tag und Nacht deutlich erkennt und unterscheiden lernt. Sie könnten Ihrem Kind z.B. beim Tagesschlaf eine bestimmte Spieluhr einstellen, während das Einschlafritual grundsätzlich nur abends stattfindet. Hilfreich ist es auch, wenn Sie ihrem Kind nur zum Nachtschlaf einen Schlafanzug anziehen oder es in einen Schlafsack stecken.
Bringen Sie Ihr Kind abends wie gewohnt zu Bett. Wer von den beiden Elternteilen das Einschlafritual durchführt, wie es abläuft, ob die Eltern es sich bei mehreren Kindern aufteilen, ist nicht so wichtig. Wichtiger ist, dass Sie die Zeitdauer des

Rituals festlegen. Wichtig ist auch, dass Sie ab jetzt auf besondere Einschlafhilfen wie längeres Herumtragen, zusätzliches Stillen, stundenlanges Vorsingen usw. verzichten. Das Einschlaf-Ritual können Sie z.B. mit einem Gute-Nacht-Kuss, sozusagen als Schlusspunkt, beenden. Anschließend machen Sie das Licht aus oder dimmen es herunter und verlassen ohne jede weitere Geste den Raum. Auch wenn das Kind Ihre Erklärungen noch nicht versteht, spürt es an Ihrem klaren Verhalten, dass Sie es ernst meinen.

Ein kurzes Einschlafritual genügt.

Auszeiten und »Tröstezeiten«

Das Kind wird natürlich protestieren und schreien. Sie dürfen auch wieder zu ihm hingehen. Aber nicht sofort. Nach der Ferber-Methode müssen Sie eine Auszeit einhalten. Diese Auszeit sollte zu Beginn jedoch drei Minuten nicht überschreiten. Hat sich das Kind innerhalb dieser ersten drei Minuten nicht beruhigt, so dürfen Sie zu Ihrem Kind ins Zimmer zurückgehen und es trösten. Trösten bedeutet: Sie stellen sich neben sein Bettchen, reden beruhigend auf das Kind ein, streicheln ihm sanft über den Kopf und legen es vorsichtig wieder hin, falls es in seinem Bettchen aufgestanden ist. Auf keinen Fall dürfen Sie das Kind auf den Arm nehmen oder all die anderen Gewohnheiten zulassen, die es bisher zum Einschlafen gebraucht hat. Schließlich entscheiden Sie auch, wann Sie den Raum wieder verlassen. Und zwar spätestens nach zwei Minuten.
Beim zweiten Mal verfahren Sie genauso. Nur verlängern Sie die Auszeit diesmal auf fünf Minuten. Wenn sich das Kind immer noch nicht beruhigt hat, wiederholen Sie die Übung. Die dritte Auszeit und alle weiteren an diesem ersten Abend sollten dann sieben Minuten andauern. Auch wenn Ihr Kind weiterhin schreit: die Zeit zum Trösten sollte in keinem Fall zwei Minuten überschreiten.

Die Auszeiten werden im Laufe des Abends länger.

Schritt für Schritt mit Konsequenz

Am zweiten Tag beginnen Sie nach dem Einschlaf-Ritual gleich mit einer Auszeit von fünf Minuten. Es folgt dann wieder eine »Tröstezeit« von zwei Minuten. Die zweite Auszeit beträgt dann sieben Minuten, die dritte und alle weiteren an diesem Abend betragen neun Minuten. Die Auszeiten werden jeweils um zwei Minuten verlängert. Ab dem dritten Mal bleiben sie dann an jedem Abend gleich lang.

Die Auszeiten sollten 10 Minuten nicht überschreiten.

Der dritte Abend beginnt mit einer Auszeit von sieben Minuten, die zweite Auszeit beträgt neun Minuten und die nächste zehn Minuten. Ab dem vierten Tag und an allen weiteren Tagen beträgt die Auszeit immer zehn Minuten. Das ist die absolute Obergrenze, die Dr. Morgenroth im Gegensatz zu Professor Ferber für vertretbar hält. Professor Ferber, der amerikanische Schlafforscher, empfiehlt die Auszeit bis zu 30 Minuten auszudehnen. Ein Kind eine geschlagene halbe Stunde sich allein zu überlassen, ist nach meinem Verständnis erheblich zu lang und nicht zu rechtfertigen. Auch nicht damit, dass das Vorgehen zum Erfolg führen würde.

Auszeiten und Tröstezeiten nach der Ferber-Methode

	beim 1. Mal	beim 2. Mal	beim 3. Mal	alle weiteren
Am 1. Tag	3 Minuten	5 Minuten	7 Minuten	7 Minuten
Am 2. Tag	5 Minuten	7 Minuten	9 Minuten	9 Minuten
Am 3. Tag	7 Minuten	9 Minuten	10 Minuten	10 Minuten
Am 4. Tag	10 Minuten	10 Minuten	10 Minuten	10 Minuten

Für die meisten Eltern bedeuten zehn Minuten Auszeit ohnehin eine schwere Prüfung. Aus diesem Grund sollten Sie nicht nach Gefühl gehen, sondern die Auszeiten genau auf der Uhr verfolgen und nach einem schriftlichen Zeitplan vorgehen. Gehen Sie nur in das Kinderzimmer, wenn Ihr Kind richtig weint. Wenn es quengelt oder leise jammert, kann es gut sein, dass es sich von selbst beruhigt. Es liegt an Ihnen, ob Sie von vornherein das Programm auch auf den Tagesschlaf ausdehnen, es nacheinander beginnen oder es ganz sein lassen. Auf jeden Fall sollten Sie sich nicht unter Druck setzen lassen und Ihren eigenen Stil finden. Falls Ihnen zehn Minuten Auszeit etwas lang erscheinen, machen Sie sich einen anderen Plan. Sie könnten die Obergrenze bei fünf Minuten ansetzen oder alle oben genannten Zeiten um zwei Minuten verkürzen.

Auch wenn es schwer fällt: Die Eltern sollten nach einem schriftlich festgelegten Zeitplan handeln.

Handeln Sie mit Gefühl

Wie auch immer Sie Ihr individuelles Schlaftraining gestalten: Entscheidend ist, dass Sie bei Ihrem Vorgehen ein gutes Gefühl haben. Sollte Ihr Kind während der Behandlungszeit erkranken oder andere schwere Störungen eintreten, brechen Sie das Programm ab. Sie können es zu einem späteren Zeitpunkt wieder neu beginnen. Wichtig ist aber, dass Sie sich vor dem Beginn einen schriftlichen Zeitplan anfertigen, den Sie während der Behandlung nicht mehr verändern.
Nach den Beobachtungen und Erfahrungen von Dr. Hartmut Morgenroth und Annette Kast-Zahn trat bei vielen Kindern bereits nach drei Tagen eine deutliche Besserung ein. Bei nicht wenigen Kindern war das Ziel nach dieser Zeit schon erreicht. In seltenen Fällen dauerte die Behandlung länger als eine Woche, in keinem Fall länger als zwei Wochen.
Entscheidend aber ist, dass sich mit den Einschlafproblemen auch die Durchschlafstörungen lösen. Denn wenn das Kind

gelernt hat, ohne Hilfe einzuschlafen, so kann es auch nachts ohne die Bemühungen seiner Eltern allein einschlafen. Letztlich bedeutet das, dass auch die Eltern wieder entspannt durchschlafen können. Mit der neu gewonnenen Freiheit können Sie ihrem Kind viel mehr Zuwendung geben, als vorher. Die Anstrengung ist also der Mühe wert.

Bevor es losgeht: ein letzter Check-up

- Wenn Sie sich nach reiflicher Überlegung und nach dem Studium des Schlaftagebuches zu dem Training entschlossen haben, entwerfen Sie Ihren persönlichen Zeitplan mit ausreichendem Platz für eigene Anmerkungen.
- Stellen Sie Ihr Kind einem erfahrenen Kinderarzt vor und sprechen Sie über Ihren Plan. Viele Kinderärzte kennen das Verfahren und verfügen bereits über gute Erfahrungen mit dem Training.
- Damit das Kind den Unterschied zwischen Tag- und Nachtschlaf begreift, machen Sie am Abend alles anders als beim Mittagsschlaf. Ziehen Sie ihm einen »Nacht«-Schlafanzug an. Lesen Sie ihm nur abends eine Geschichte vor oder spielen Sie nur am Abend eine bestimmte Melodie ab.
- Legen Sie das Training möglichst in Ihre Urlaubszeit und halten Sie eine Uhr mit Sekundenanzeige bereit – auf Ihr Zeitgefühl können Sie sich unter Stress nicht verlassen.
- Gehen Sie nur dann zu Ihrem Kind, wenn es wirklich weint. Wenn es lediglich »knüttert«, kann das ein erster Hinweis dafür sein, dass die Methode zu greifen beginnt.
- Verlassen Sie gemäß dem vorher festgelegten Zeitplan auch dann den Raum, wenn sich das Kind noch nicht beruhigt hat. Denken Sie daran, dass sich eine »Tröstezeit« von maximal zwei Minuten in der Praxis bewährt hat.

- Trösten Sie Ihr Kind nur »passiv«. Streicheln Sie es sanft, beruhigen Sie es mit Worten, doch geben Sie ihm keine Nahrung oder Tee. Nehmen Sie es auf keinen Fall auf den Arm oder belohnen es in anderer Hinsicht für sein Schreien.
- Achten Sie bei allem, was Sie tun, darauf, dass Sie ein gutes Gefühl haben. Sollte Ihr Kind erkranken oder in anderer Hinsicht auffällig werden, brechen Sie das Programm ab. Ein hilfebedürftiges Kind sich allein zu überlassen, wäre ein schwerwiegender Fehler und steht in keinem Verhältnis zu dem möglichen Erfolg durch das Training.

Verhaltenstherapie und Schlafstörungen

Mit etwas Fantasie lassen sich die meisten anderen ungünstigen Schlafgewohnheiten mit der Verhaltenstherapie ebenfalls erfolgreich behandeln. Wenn Ihr Kind z. B. regelmäßig nachts vor Ihrem Ehebett steht, bringen Sie es freundlich, aber konsequent in sein Bett zurück. Voraussetzung für diese Vorgehensweise ist aber auch hier, dass Sie andere Ursachen ausschließen können. Daher noch einmal die Warnung, dass Sie bitte sehr sorgfältig alles bedenken, bevor Sie ein solches Training anwenden. Kinder sind zu wertvoll, als dass wir mit ihren kleinen Seelen experimentieren.

Leichte Schlafstörungen lassen sich mit verhaltenstherapeutischen Maßnahmen gut behandeln.

Bei der Verhaltenstherapie liegt der Schwerpunkt der Behandlung auf der Veränderung von Gewohnheiten und störenden Verhaltensweisen. Die Persönlichkeit und die Lebensgeschichte des einzelnen Kindes tritt bei diesem Verfahren in den Hintergrund. Insofern kann ein solches Training bei leichten Schlafstörungen und ungünstigen Schlafgewohnheiten eine Hilfe sein.

Wie ich noch zeigen werde, reichen die Möglichkeiten der Verhaltenstherapie bei schweren seelischen Problemen und ernsten Konflikten allein aber nicht aus (siehe S. 108 ff.).

Weitere Schlaftrainings-Programme

Alle Schlaftrainings-Programme setzen auf konsequentes Elternverhalten.

Wohl auch weil die Ferber-Methode, insbesondere in der amerikanischen Version, in die Kritik geraten ist, wurden in Deutschland einige weitere, ebenfalls auf der Verhaltenstherapie beruhende Verfahren entwickelt. So gibt es seit einiger Zeit die Pendel-Methode, die Kuss-Methode, die Rückzug-Methode und die Sanduhr-Methode. Am Ende des Buches finden Sie einige Webseiten, auf denen Sie die Methoden im Einzelnen nachlesen können (siehe S. 128). Sie unterscheiden sich von der Ferber-Methode vor allem dadurch, dass sie keine oder kürzere Auszeiten verwenden und dadurch etwas an Schärfe verlieren, die der Ferber-Methode angelastet wird. Was aber alle diese Methoden miteinander verbindet, ist, dass Sie auf konsequentes Elternverhalten setzen. Bevor ich Ihnen eine Anleitung zum konsequenten Elternverhalten vorstelle, möchte ich Ihnen die Sanduhr-Methode erläutern.

Die Sanduhr-Methode

Die Sanduhr-Methode wurde von dem Kinder- und Jugend-Psychiater Dr. Ulrich Rabenschlag erdacht. Dr. Rabenschlag leitete an der Uniklinik Freiburg eine Forschungsgruppe, die sich mit kindlichem Schlaf befasste. Nach seiner Aussage ist Schlafentzug auf Dauer mit Folter zu vergleichen. Auch wenn ich es nicht so drastisch formulieren möchte, kann nachhaltiger Schlafmangel eine Familie durchaus erheblich unter Druck setzen. Nach Dr. Rabenschlag steckt hinter den Durchschlafstörungen fast immer die Sorge des Kindes vor dem Alleinsein, auch Trennungsproblem genannt. Um dieser Angst zu begegnen, hat man die Methode so ausgerichtet, dass sie erst für Kinder ab einem Jahr in Betracht kommt. Die Sanduhr als wichtiges Hilfsmittel soll den Eltern übersichtlich die Zeit anzeigen, die sie zwischen den Tröstezeiten »auszuhalten« haben. Ziel der Methode ist es, dass das Kind lernt, die am Tage übliche vorübergehende Trennung von der Mutter auch auf die Nacht auszudehnen, um die angeborene Fähigkeit von Kindern zu aktivieren, sich selber in Ruhe zu versetzen. Die Technik ist im Grunde die gleiche wie bei der Ferber-Methode. Nach einem ruhigen, etwa dreißigminütigen Zubettgeh-Ritual und einem Schlusspunkt verlässt die Mutter oder der Vater das Zimmer des Kindes. Auch wenn das Kind jammert, schreit und fleht, bleiben die Eltern außerhalb des Raumes. Beim ersten Mal bleiben sie drei Minuten, beim zweiten Mal sechs Minuten, und insgesamt maximal neun Minuten vor der Tür, bis sie den Raum wieder betreten.

Mit einfachen Mitteln die angeborenen Fähigkeiten der Kinder aktivieren, sich selbst in Ruhe zu versetzen.

Nach den Auszeiten kehren die Eltern dann für jeweils drei Minuten in das Zimmer zurück, halten die Hand des Kindes oder streicheln ihm sanft über den Kopf, mehr aber nicht. Keine Nahrungsaufnahme, kein Getränk und auch nicht auf den Arm nehmen. Nach drei Minuten verlassen sie wortlos wieder den Raum. Vermeiden Sie Augenkontakt. Das alles hört sich einfach an, doch ist auch bei dieser Methode die Belastung, vor allem für die Eltern, nicht zu unterschätzen.

Was sicher ein Vorteil gegenüber der Ferber-Methode ist, ist der Umstand, dass sie erst für Kinder ab einem Jahr in Betracht kommt. Denn dann sind die Kinder in ihrer Entwicklung so weit fortgeschritten, dass sie die Trennung von der Mutter als vorübergehend realisieren können, sie zugleich aber die innere Gewissheit haben, dass sie wiederkommt. Ein Hinweis darauf, dass die Sanduhr-Methode gegenüber der recht rigiden Ferber-Methode etwas sanfter ist, kann daraus abgelesen werden, dass die Behandlungserfolge sich erst nach zwei bis drei Wochen einstellen.

Schlafregeln für Eltern

- Bringen Sie Ihr Kind erst dann zu Bett, wenn es wirklich müde ist.
- Machen Sie das Zubettgeh-Ritual zu einem schönen Tagesabschluss. Üben Sie keinen Zwang aus, setzen Sie das Schlafengehen niemals als Strafe ein.
- Regelmäßigkeit bedeutet für die Kleinen Zuverlässigkeit. Gleiche Schlaf- und Aufstehzeiten vermitteln Sicherheit.
- Gestalten Sie das Einschlafritual freundlich und lustig, aber überdrehen Sie das Kind nicht durch Tobereien oder allzu verrückte Späße.
- Legen Sie das Kind immer in sein eigenes Bettchen. Zu seinem Sicherheitsgefühl gehört auch, dass das Bett nur zum Schlafen da ist.
- Achten Sie darauf, dass Ihr Kind nicht länger schläft oder im Bett liegt, als es an Schlaf benötigt.
- Lassen Sie zwischen der letzten Nahrungsaufnahme und dem Zubettgehen etwas Zeit verstreichen.
- Nutzen Sie die bewährten Hausmittel zum Einschlafen. Ein Glas Milch am Abend fördert das Einschlafen.
- Vermeiden Sie, dass das Kind vor dem Einschlafen aufregende Filme sieht oder allzu spannende Geschichten hört.
- Sorgen Sie für eine gesunde Schlafatmosphäre. Drehen Sie die Heizung nicht zu hoch, sorgen Sie für gute Luft und versuchen Sie, Lärmquellen abzustellen.
- Versuchen Sie, beunruhigende Nachrichten und Tagesereignisse vom Kind fernzuhalten und zu relativieren; sorgen Sie für ein gutes Familienklima.

Supereltern gibt es nicht

Es war bereits die Rede davon, was notwendig ist, damit Kinder den Tag in Ruhe abschließen können. Neben Sicherheit und Geborgenheit sind es Dinge wie Verlässlichkeit, Verständnis und vieles mehr. Andererseits ist eine gute Beziehung das beste Schlafmittel, in der scheinbar falsches Verhalten richtig sein kann. Ich habe den etwas abgegriffenen Begriff der Liebe verwendet, um so unterschiedliche Eigenschaften wie Echtheit, Stimmigkeit, Wärme, Klarheit und vieles mehr zusammenzufassen. Eltern mit solchen vorbildlichen Fähigkeiten, so ließe sich anführen, gibt es in der Wirklichkeit gar nicht.
Doch der Weg ist das Ziel. Deshalb sollten Sie nicht verzweifeln, wenn Ihnen die hier vorgestellte liebevolle Beziehung zu ihrem Kind nicht auf Anhieb gelingt. Vielleicht auch deshalb, weil der Alltag Sie immer wieder einholt. Manchmal genügt es schon, das Ziel etwas genauer zu bestimmen. Das geschieht im einfachsten Fall dadurch, indem wir unsere Ziele klar formulieren.

Eine gute Beziehung ist das beste Schlafmittel.

Denn was ist Sicherheit oder Geborgenheit? Wodurch finden Kinder Sicherheit und Geborgenheit? Während der Schwangerschaft und in den ersten Lebensmonaten haben die meisten Kinder ein unerschütterliches Vertrauen in die Mutter. Das Kind fühlt sich in der Nähe der Mutter geschützt und versorgt. Der Vater ist zu dieser Zeit ein vielleicht freundlicher, aber eher entfernter »Brummbär«, von dem keine besondere Gefahr auszugehen scheint. Das Kind fühlt sich sicher und geborgen.
Erst mit zunehmendem Alter treten kleine Störungen auf. Das Kind bemerkt nach und nach, dass die Mutter nicht immer da ist. Mal kommt der Papi ans Bettchen und stopft den Schnuller wieder in den Mund, ein anderes Mal ist es eine nette Frau, die ihm das Fläschchen reicht, dann wieder ist es die Mama usw. Obwohl also die Personen wechseln, fühlt sich das Kind ausreichend versorgt und behütet. Das kindliche Urvertrauen in eine

heile Welt bekommt erst dann einen Riss, wenn es befürchten muss, dass es nicht oder unzureichend mit Nahrung, emotionaler Zuwendung oder anderen wichtigen Dingen versorgt wird.

Kinder brauchen ihre Eltern ganz – nicht ihre ganze Zeit

Nicht die Dauer der elterlichen Zuwendung ist entscheidend, sondern ihre Qualität.

Entscheidend ist für das Kind nicht, dass die Mutter immer und überall greifbar ist, sondern das Gefühl, von der Mutter gehalten zu werden. Dieses Gefühl ist nicht von einer bestimmten räumlichen Nähe oder Zeitdauer abhängig, die die Mutter oder der Vater mit dem Kind verbringen. Fast trifft sogar das Gegenteil zu. Erst durch das Gefühl von Sicherheit und Geborgenheit ist es dem Kind möglich, Raum zwischen sich und den Eltern zu lassen. Das Gleiche trifft auch für die Zeit zu. Ein Kind, das sich geborgen fühlt, kann Zeiten aushalten, in denen die Eltern nicht anwesend sind.

Aus der Gewissheit, dass die Eltern, auch wenn sie nicht in der Nähe sind oder im Augenblick keine Zeit haben, emotional anwesend sind, entsteht Selbstvertrauen. Das heißt wörtlich: Das Kind traut sich selbst etwas zu. Damit kommen wir zu einem weiteren Begriff, nämlich dem der Unabhängigkeit. Eltern haben für ihre Kinder zwar eine ganz schön lange Zeit die Verantwortung, doch irgendwann müssen sie loslassen. Wenn es den Kindern nicht gelingt, mit Neugier und Selbstvertrauen die Welt zu erforschen, werden sie ihre Unabhängigkeit nicht oder nur halbherzig gewinnen.

Das Kind braucht in den ersten Lebensmonaten also ausreichende Versorgung und einen liebevollen Umgang. Die kann – zumindest zeitweilig – durch eine liebe Oma oder einen anderen Menschen gewährleistet sein. Wenn das Kind etwas älter ist, steht ihm zusätzlich die Sprache zur Verfügung. Indem Sie Ihrem Kind erklären, wohin Sie gehen und wann Sie wieder zu

Hause sind, gewinnt es zunehmende Gewissheit und Sicherheit. Sicherheit bedeutet aber umgekehrt, dass das Kind keine Angst hat. Doch ist die Angst einer der häufigsten Gründe für seelisch bedingte Schlafstörungen. Denn die Angst hat biologisch gesehen die Funktion, bestimmte Stoffe im Körper zu erzeugen, um bei Gefahr schnell flüchten zu können. Nun ist es aber so, dass wir zwei Seelenzustände nicht gleichzeitig erleben können. Wenn das Kind also Angst hat, ist es angespannt. Es bereitet sich sozusagen auf die Flucht vor. Das ist der Grund, warum Kinder, die Angst haben, nicht einschlafen können. Auch wenn sie in der Nacht aufwachen und nicht wieder einschlafen können, spielt regelmäßig die Angst eine entscheidende Rolle.
Damit Sie Ihrem Kind Sicherheit und Zuversicht geben können, muss es Ihnen selbst gut gehen. Hierfür brauchen Sie genau wie Ihr Kind Selbstvertrauen und die Sicherheit, dass es irgendwie schon weitergeht. Indem Sie für sich sorgen, tun Sie mehr für Ihr Kind, als wenn Sie es rund um die Uhr umsorgen, selber dabei aber zu kurz kommen.

Wie Sie Sorgen loswerden können

Im Gespräch Entlastung suchen – das hilft in schweren Situationen.

Sie erinnern sich an das Beispiel von Beate W. aus Essen (siehe S. 38 f.): Wie hatte sie sich auf ihr Kind gefreut. Statt Freude erlebte sie aber Stress pur. Und dann wirft ihr der Ehemann vor, ihr Schicksal selbst verschuldet zu haben ...
Es gibt kein Patentrezept, mit dem Eltern eine schwere Zeit überstehen können. Vielleicht hilft es ein wenig, wenn sie sich vergegenwärtigen, dass sie nicht allein sind. Denn es gibt viele junge Familien, denen es ähnlich ergeht.
Bei einer Tasse Kaffee lässt sich – trotz tiefer Ränder unter den Augen – gut darüber plaudern, wie man sich beim Babysitten gegenseitig entlasten oder Einkäufe und andere Erledigungen aufteilen kann. Wenn Sie als Alleinerziehende eine Mutter in

einer ähnlichen Situation kennen lernen, entsteht daraus vielleicht eine Freundschaft, in der Sie sich über Ihre besonders schwierige Situation austauschen und unterstützen können.

Gespräche können helfen

- Nehmen Sie sich die Zeit und suchen Sie den Kontakt zu anderen Müttern und Familien.
- Nehmen Sie die Angebote kirchlicher oder öffentlichen Beratungsstellen und Initiativen wahr.
- Schauen Sie in die Zeitung oder geben Sie selber eine Anzeige auf.
- Hören Sie sich in Ihrer Nachbarschaft um. Vielleicht finden Sie eine junge Mutter, die sich in einer ähnlichen Lage befindet.

Bleiben Sie bescheiden

Schrauben Sie die Erwartungen, die Sie an sich selbst stellen, zurück.

Verabschieden Sie sich auf jeden Fall vom Bild der Supereltern. Sie haben weder alles unter Kontrolle noch haben Sie eine 24-Stunden-Batterie, aus der Sie um drei Uhr nachts die Energie nehmen, die Küche auf Hochglanz zu bringen. Treten Sie lieber etwas kürzer. Was nützt Ihnen ein blitzsauberer Haushalt, wenn Sie ein schreiendes Kind und einen unzufriedenen Ehepartner gleichzeitig zu versorgen haben? Bestehen Sie als die am stärksten Belastete darauf, dass Ihr Mann sich am Haushalt beteiligt. Teilen Sie sich mit dem Partner die »Nachtbereitschaft«. Eine faire Aufteilung der Nachtruhe kann durchaus entlasten. Denken Sie daran, dass der Nachholschlaf erholsamer als der normale Schlaf ist.
Es gibt noch zahlreiche weitere Möglichkeiten, wie Sie sich gegenseitig unterstützen können. Das geht aber nur, wenn Ihre

Beziehung in Ordnung ist. Genau das ist für viele Paare das Problem. Zu viele Belastungen und Störungen wirken in kurzer Zeit auf sie ein. Die Beziehung braucht jetzt dringend eine Auffrischungskur und Erholung. So wie ein Auto samstags in die Waschanlage kommt oder alle zwei Jahre zum TÜV muss, bedarf auch eine Beziehung der Pflege. Spätestens wenn die kleinen Zärtlichkeiten zwischendurch immer seltener und der Stress immer größer wird, ist es an der Zeit, die Partnerschaft neu zu organisieren.

Wichtig ist es, die Partnerschaft neu zu organisieren.

Ein Abend für Ihre Beziehung
Auch wenn es sich etwas technisch anhört, so möchte ich Ihnen folgendes erprobtes Mittel vorschlagen, damit Ihre Beziehung nicht zu sehr leidet: Versuchen Sie, sich einen Abend in der Woche für Ihre Beziehung freizuhalten.

Erwarten Sie aber nicht allzu viel Verständnis von Oma, den Nachbarn oder wem auch immer Sie in dieser Zeit Ihr Kind anvertrauen. Lassen Sie sich nicht durch irgendwelche Bemerkungen von Ihrem Ziel abbringen. Machen Sie Ihre eigenen Erfahrungen: Vielleicht vereinbaren Sie eine Probezeit, nach der Sie neu überlegen, ob Ihnen der Beziehungsabend etwas bringt. Selbst wenn Sie sich an diesem Abend streiten, dass die Fetzen fliegen, auch fürs Streiten brauchen Sie Zeit, oder, wenn Sie liebevoll schmusend durch den Stadtpark schlendern und anschließend eine Kleinigkeit essen gehen: Das alles und noch viel mehr ist Beziehungsarbeit.
Solange Sie an Ihrer Beziehung arbeiten, mag sie noch so schwierig geworden sein, besteht weniger die Gefahr, dass sie auseinander bricht. Auch wenn es sich merkwürdig anhört, sind gerade die Ehen die beständigsten, in denen die Partner sich täglich versichern, dass sie sich am nächsten Tag trennen

werden. Erst wenn Sie aufhören, sich mit Ihrer Beziehung auseinander zu setzen, kann es kritisch werden. Im Übrigen bietet sich der Beziehungsabend für etwas an, was Sie schon beinahe vergessen haben – Ihre Sexualität.

Liebe und Sexualität

Wir sollten uns vergegenwärtigen, dass Sexualität mehr ist, als das mehr oder weniger lustvolle Aneinanderrreiben menschlicher Körper. Tatsächlich wird die geschlechtliche Begegnung, das Schönste, was sich zwei Menschen, die sich gern haben, geben können, in unserer Zeit immer mehr auf Techniken und Leistung eingeengt. Statt lustvollem Sich-fallen-Lassen zählen wir Orgasmen, probieren Stellungen oder sehen uns Video-Filme an, um in Stimmung zu kommen. Das passt in unsere postmoderne Lebenswirklichkeit, in der der Schein für das Eigentliche gehalten wird.

In der Intimität der Zweierbeziehung können Sie sich selbst finden.

Zumindest in der Intimität der Zweierbeziehung sollten wir vom Schein zu uns selbst zurückfinden. Die Reise ist anstrengend und lohnend zugleich. In ihr liegt die Chance, zu dem ursprünglichen Sinn von Sexualität zurückzufinden. Zu einer Sexualität, die befriedigt und zufrieden macht, in der Orgasmen nicht gezählt, sondern erlebt werden. Sexualität als Entspannung findet dort statt, wo Sich-Lieben altmodischerweise noch Sich-gern-Haben heißt.
Das Zauberwort für die Rückkehr ins Paradies ist Erotik, und die ist nicht gleichbedeutend mit Sexualität. Erotik ist die knisternde Spannung, lange bevor Sexualhormone unsere Sinne betören. Sie kann nicht telefonisch geordert werden. Erotik wächst in der werbenden Beziehung, vielleicht durch eine leichte Berührung oder die gemeinsame Lektüre eines Buches bei Kerzenschein. Probieren Sie es aus. Es ist nach der Geburt eines Kindes schließlich nicht anders als vorher.

Wenn die Lust nachlässt – Sexualität nach der Geburt

Doch sollten wir die Kirche im Dorfe lassen. Es ist kaum zu bestreiten, dass sich durch die Geburt eines Kindes die sexuellen Wünsche verändern können. Neben der Hormonumstellung bei der Frau gibt es auch seelische Gründe dafür, dass sie für eine Weile wenig Interesse an Sexualität hat. Selbst der scheinbar ewig potente Partner kann eine vorübergehende Unfähigkeit zum Geschlechtsverkehr angesichts der Erfahrung der Geburt entwickeln. Immerhin werden ihm durch die Geburt des Kindes die Folgen früherer spielerischer Sexualität sozusagen mit einem Schlag vor Augen geführt. Die Beziehung zur Partnerin, mag sie zuvor brüchig gewesen sein, bekommt größere Verbindlichkeit und die Verantwortung wächst. Frau und Kind sind auf ihn angewiesen, er muss nun, bildlich gesprochen, seinen Mann stehen.

Fantasie und Zärtlichkeit

Das alles ist natürlich ein bisschen viel. Da darf es getrost auch mal zu Störungen kommen. Sie können sicher sein, liebe Eltern, die Lust kommt wieder. Nehmen Sie sich als Väter die Zeit für Zärtlichkeit; Ihre Frau braucht sie jetzt mehr denn je.

Zärtlichkeiten beleben die Beziehung.

Um zu Ihrer alten Form zu finden, lassen Sie Ihre Fantasie spielen. Nutzen Sie Ihren Beziehungsabend für neue Abenteuer. Versuchen Sie Ihren Partner durch die zärtliche Berührung nicht-erogener Zonen zu stimulieren oder veranstalten Sie erotische Abende mit viel sexueller Erregung, aber ohne Geschlechtsverkehr. Das ist – in eingeschränktem Rahmen – auch möglich, wenn Ihr Kleinkind mit im ehelichen Bett liegt. Zärtlich schmusende Eltern sind für Kinder keine Bedrohung. Heftiger und lauter Geschlechtsverkehr kann sie jedoch ängstigen oder verwirren.

Lassen Sie Ihre Fantasie spielen. Vielleicht verabreden Sie sich an einem geheimen Ort und tun so, als ob Sie sich gerade erst kennengelernt hätten. Erinnern Sie sich an Ihre ersten heimlichen und höchst aufregenden Begegnungen, immer in der Sorge, dass Mutter oder der Vater kontrollierend auftauchen könnten. Die Angst davor ist hoffentlich vergangen, doch das heimlich Aufregende können Sie sich zurückholen. Und zwar gratis; ohne Pornofilme, ohne Stellungsliteratur und ohne Orgasmusliste. Auch das ist Beziehungsarbeit.

Was haben Schlafstörungen mit Beziehungsarbeit zu tun?

Ausgeglichen und ruhig, trotz extremer Belastungen?

Sie werden sich natürlich fragen: Und was hat das alles mit den Schlafstörungen unseres Kindes zu tun? Eltern mit einer guten Beziehung und mit befriedigender Sexualität finden eher die Ruhe und Gelassenheit, die Schlafstörungen ihrer Kinder als lästige und anstrengende, aber vergängliche Übel anzusehen. Vielleicht liegt darin das Geheimnis der Mütter und Väter, die trotz extremster Belastung irgendwie noch ausgeglichen wirken. Das wichtigste Mittel hierzu ist und bleibt eine gute Beziehung. Pflegen Sie Ihre Partnerschaft. Denn für gestresste Eltern zählt nur das, was wirklich hilft.

Abschied vom Tag: Ruhe und Entspannung

In diesem Kapitel geht es um folgende Fragen:

- Wie findet Ihr Kind Ruhe und Entspannung?
- Was können Sie gegen Angst tun?
- Wie vertreiben Sie Monster und Hexen?

Nächtliche Ängste und Angst vorm Schlafengehen

Ängste sind die häufigste Ursache kindlicher Schlafstörungen.

Wie bereits erwähnt, ist die Angst maßgeblich dafür verantwortlich, wenn Kinder schlecht schlafen. Im Zustand der Angst versetzen bestimmte Hormone das Kind in eine Art Fluchtbereitschaft, wodurch verhindert wird, dass das Kind entspannt in den Schlaf fällt. In diesem Kapitel möchte ich Ihnen einige Anregungen geben, wie Sie Ihrem Kind helfen können, mit seiner Angst umzugehen und Ruhe zu finden.

Wohl alle Kinder haben manchmal Angst vor dem Schlafengehen oder ängstigen sich, wenn sie in der Nacht erwachen. Wenn Kinder abends nicht in ihr Bett wollen, stecken meistens Ängste dahinter, die sie aber so nicht benennen können. Vor allem kleinere Kinder fürchten sich in der Dunkelheit und können schlecht das Alleinsein im Bettchen ertragen. Hinzu kommt, dass die Kinder in den ersten zwei bis drei Lebensjahren nur schwer begreifen können, dass die Trennung von den Eltern nur vorübergehend ist. Die Angst, allein zu sein und von den Eltern abgeschoben zu werden, kann sich noch verstärken, wenn die Geduld der Eltern erschöpft ist und sie auch einmal etwas heftiger werden. Das Kind kann befürchten, dass die Eltern es los sein möchten und es nur aus diesem Grunde in seinem Bettchen liegen muss.

Hierdurch entwickeln manche Kinder recht fantasievolle Wege, wenn es darum geht, die Zubettgehzeit zu verlängern, um nicht allein zu sein. Deswegen sollten die Eltern sorgfältig unterscheiden lernen, ob das Kind aus Angst oder aus anderen Gründen die Zubettgeh-Zeit ausdehnt. Andere Gründe können sein, dass das Kind nur deshalb länger aufbleiben will, weil der Spielkamerad »auch bis 8 Uhr aufbleiben« darf. Mit zunehmendem Alter können aus solchen Zubettgeh-Auseinandersetzungen endlose Machtkämpfe entstehen, die die Beziehung zwischen den Eltern und dem Kind unnötig belasten. Da die meisten Kinder recht bald herausfinden, dass sie die Eltern mit irgendwelchen Geschichten über Geister, Gespenster und Löwen wunderbar hinhalten können, nutzen sie manchmal das Angstthema, um sich gegen die Eltern durchzusetzen. Manchmal erreichen sie, nicht selten nach einer Krankheit, dass sie Nacht für Nacht im Ehebett verbringen, während der gestresste Vater auf der Couch schläft.

Wenn Ihr Kind ein ernsthaftes Problem hat, so wird es auch tagsüber von seiner Angst sprechen. Wenn es Hinweise dafür gibt, dass ihr Kind unter einer übermäßigen Angst leidet, sollten Sie sich den fachlichen Rat einer Beratungsstelle einholen oder bei einem Kinderpsychologen vorsprechen.

Alltagsängste lassen sich mit einfachen Hilfsmitteln lindern.

Doch bei üblichen Alltagsängsten reichen einfache Hilfsmittel, um die Angst zu lindern. Wenn Ihr Kind zum Beispiel Angst vor der Dunkelheit hat, bringen Sie ein kleines Nachtlicht oder einen Dimmer an oder lassen die Tür einen Spaltbreit geöffnet. Manchmal ist es hilfreich, dem Kind einen bestimmten Teddybären oder ein Schmusetier ins Bett zu geben, das nur für die Nacht da ist. Am Tage kann der Teddy in seiner Schmusebärenecke im Regal auf seinen nächsten Einsatz warten. Kinder im Vorschulalter sind für solche Einschlafgeschichten besonders empfänglich, in denen Sie das Schmusetier die Hauptrolle spielen lassen.
Zeigen Sie Verständnis für die Sorgen Ihres Kindes, wenn es abends etwas ängstlich ist. Ein Kind, das Angst hat, spielt Ihnen nichts vor, sondern fürchtet sich tatsächlich. Es nützt wenig, mit dem Kind darüber zu diskutieren, wie unwahrscheinlich es ist, dass Außerirdische ins Haus dringen oder dass es Gespenster gibt. In der Welt der Kinder haben aber nicht nur Monster und Geister magische Kräfte, sondern auch die Eltern,

die diese Ungeheuer bannen können. Vertrauen Sie auf Ihre magischen Fähigkeiten und vertreiben Sie die Ungeheuer und was sich sonst im Kinderzimmer herumtreibt. Und versichern Sie Ihrem Kind, dass die Eltern es beschützen und auf es aufpassen. Die Ruhe und Gelassenheit, die Sie damit ausstrahlen, überträgt sich und ist viel wirksamer, als es lange Erklärungen je sein könnten.

Alpträume

Alpträume können entstehen, wenn sich Alltagserlebnisse mit der Traumwelt mischen.

Angst spielt bei vielen Schlafstörungen eine große Rolle. Insbesondere bei den Alpträumen sollten sich die Eltern bewusst sein, dass Kinder auch nach dem Aufwachen sich noch eine Zeit lang in der Traumwelt befinden und eine Weile zur Orientierung brauchen.

Bis etwa zum Schulalter können sie insbesondere in der Nacht nur schwer zwischen Traum und Wirklichkeit unterscheiden. In den Alpträumen mischen sich die Erlebnisse und Ereignisse des Tages mit der Traumwelt. Kinder bis zum Alter von drei Jahren lassen sich ganz gut trösten, indem die Eltern sie fest in den Arm nehmen und beruhigend auf sie einreden. Recht hilfreich können regelmäßig wiederholte und warm klingende Sätze sein, die sich so anhören können: »Alles ist gut. Ich bin für dich da. Alles ist in Ordnung. Ich passe gut auf dich auf« usw.

Vermeiden Sie nächtliche Aussprachen mit dem Kind darüber, was es im Traum erlebt hat. Besser ist es, wenn Sie sich am nächsten Tag die Zeit nehmen, mit ihrem Kind in Ruhe über seine Angst zu sprechen.

Für die leichteren Formen von Angst, Furcht und Anspannung haben sich einige Verfahren bewährt, die leicht zu erlernen sind. Sie bauen darauf auf, dass Angst und Entspannung nicht gleichzeitig bestehen können. Indem das Kind lernt sich zu entspannen, kann es dadurch seine Angst abbauen.

Die Behandlung schwerer und den Schlaf erheblich beeinträchtigender Ängste ist ein Gebiet, das den Fachleuten, insbesondere den Psychologen und speziell ausgebildeten Kinderärzten, vorbehalten sein sollte. Zeigt das Kind wiederholt heftige und panische Angst oder klammert es sich immer wieder verzweifelt an Vater oder Mutter, dann können sich dahinter ernsthafte Konflikte oder gar Störungen verbergen. Beobachten Sie Ihr Kind sehr genau. Wenn das Kind auch in anderer Hinsicht auffällig ist, körperliche Symptome, Appetitlosigkeit und gespannte Unruhe zeigt, sollten Sie nicht lange zögern, einen erfahrenen Kinderarzt oder Therapeuten zu Rate zu ziehen.

Entspannungsübungen, die Ängste vertreiben

Im Folgenden erfahren Sie etwas über drei einfach zu erlernende Verfahren, mit deren Hilfe Kinder lernen, sich zu entspannen.

Das autogene Training

Das bekannteste Verfahren ist das Autogene Training, das auf den 1970 verstorbenen Berliner Nervenarzt und Internisten Professor Dr. Johann Heinrich Schultz zurückgeht. Mit dieser Methode lernen Kinder, sich tief zu entspannen und ruhig zu werden. Das Verfahren nutzt die Vorstellungskraft von Kindern. Denn gerade sie leben mehr als wir Erwachsene in der Fantasiewelt und sie lieben Träume und Fantasiereisen über alles. Da Kinder zudem einen starken Drang nach Selbstständigkeit und Unabhängigkeit haben, ist das Verfahren für sie besonders gut geeignet. Nach einer gewissen Übungszeit gelingt

Dieses Entspannungstraining nutzt die Vorstellungskraft von Kindern.

es den meisten Kindern innerhalb weniger Wochen, die Technik der konzentrativen Selbstentspannung zu lernen, durch die sie ihre Ängste verlieren.

Kinder ab fünf bis sechs Jahren können durch das Training ihre Ängste abbauen.

Ein gewisser Nachteil ist, dass es eine Weile dauert, bis die Übungen erlernt werden und dass das Training erst für Kinder ab etwa fünf bis sechs Jahren in Betracht kommt. Da aber viele Ängste wie Leistungsangst und Angstbauchschmerzen erst im Schulalter auftreten, spielt dieser Nachteil keine große Rolle.

Einige Wirkungen des Autogenen Trainings:

- Abbau von Ängsten
- Besserer Umgang mit Stress
- Seelisches Gleichgewicht
- Steigerung der Konzentration
- Erhöhung der Lernleistung
- Besserer Umgang mit Enttäuschungen
- Verbessertes Sozialverhalten
- Bessere Körperwahrnehmung

Bei dieser Technik lernt das Kind, sich selber zu suggerieren, dass bestimmte Körperregionen warm, schwer und entspannt werden, dass der Atem gleichmäßig geht und dass das Herz ruhig schlägt. Durch so genannte Formeln (»Ich bin warm«, »Ich bin schwer«, »Ich bin entspannt« usw.) können sie sich in einen Zustand tiefer Ruhe versetzen, der ihnen hilft, Belastungen zu ertragen. Hilfreich ist es auch, dass sie bei einer besonderen Herausforderung, z.B. vor einer Klassenarbeit, durch Kurzentspannung recht schnell in diesen Zustand umschalten können und so schwierigen Situationen gewachsen sind. In vielen Städten bieten Erziehungsberatungsstellen und Volkshochschulen gegen eine geringe Gebühr ein solches Training an, das die Eltern auch mit dem Kind gemeinsam besuchen können.

Progressive Muskelentspannung

Eine zweite recht hilfreiche Methode ist die progressive Muskelentspannung. Sie wurde bereits Anfang der 20er-Jahre von dem amerikanischen Physiologen Edmund Jacobson entwickelt, ist aber nie so bekannt geworden wie das Autogene Training. Dabei hat diese Methode den Vorteil, dass die Übungen sofort und ohne vorheriges Training durchgeführt werden können. Sie beruht auf der Entdeckung, dass sich eine angenehme Entspannung einstellt, wenn die Muskeln des Körpers ein paar Sekunden angespannt und dann wieder entspannt werden. Diese wohltuende Wirkung stellt sich recht schnell ein und der Erfolg ist sofort da. Daher ist das Verfahren auch gut für Kinder geeignet. Zwar sollte auch diese Technik nicht bei Kindern unter sechs Jahren zur Anwendung kommen, doch wird gerade dieses Verfahren beim schrittweisen Abbau von Angstzuständen und bei nachhaltigen Alpträumen mit Erfolg eingesetzt. Auch hierzu gibt es in vielen Städten Kurse und Lehrgänge, in denen das Wissen zum Erlernen der Methode vermittelt wird. Eher abzuraten ist allerdings davon, sich die Technik aus Büchern oder mithilfe von CDs selber beibringen zu wollen. Damit sich keine Fehler einschleichen und die Methode auch ihr Ziel erreicht, sollten zumindest die ersten Schritte unter der Anleitung eines erfahrenen Therapeuten erlernt werden.

Die Muskelentspannung ist beim schrittweisen Abbau von Angstzuständen erfolgreich.

Geführte Fantasie

Eine weitere Methode, die auch für kleinere Kinder gut geeignet ist, ist die Technik der geführten Fantasie. Sie setzt großes Einfühlungsvermögen voraus und geht schon ein wenig in Richtung Therapie. Der Therapeut fragt dabei die Eltern oder das Kind nach seinen Lieblingsfiguren aus Fernsehsendungen,

Entspannungsgeschichten sind für jüngere Kinder ideal.

Büchern oder Filmen oder nach Dingen, an die das Kind sich gern erinnert. Aus diesem Wissen stellt der Therapeut dann eine Entspannungsgeschichte zusammen, die deutlich magische und hypnotische Anteile enthält. Diese spricht er auf ein Band oder eine CD, die sich das Kind vor dem Einschlafen oder wenn es nachts aufwacht, anhören kann. Im Buchhandel und in Fachgeschäften für Kinderbedarf finden Sie vorgefertigte Entspannungs-CDs. Mit etwas Übung und Fantasie wird es Ihnen sicher auch gelingen, eine freundliche und beruhigende Aufnahme selber herzustellen. So finden Sie zum Beispiel auf der Internetseite www.innen.welt.ms Entspannungs- und Klangkurse, wie sie inzwischen vielerorts angeboten werden. Auch gibt es einen fast unübersehbaren Markt an Entspannungsgeschichten. Ob Sie im Internet stöbern oder in den Buchhandel gehen, bleibt Ihnen überlassen. Doch achten Sie darauf, dass die Geschichten altersentsprechend sind und auch mit der Lebenswirklichkeit Ihrer Kinder zu tun haben.

Die Geschichten sollten altersgerecht sein und sich am Leben des Kindes orientieren.

Wie Kinder sich selbst zur Ruhe bringen

Viele Kinder entwickeln ihre eigenen Einschlafmethoden wie Daumenlutschen, Haarezwirbeln, gleichförmige Bewegungen und manchmal sogar das Schlafschaukeln. Wer kennt sie nicht: Kinder, die die merkwürdigsten, meistens banalen Haushaltsgegenstände, zum Beispiel einen Kochlappen, einen verbogenen Plastiklöffel oder eine alte Zahnbürste zum Kultgegenstand verklären und ihn wie ihren Augapfel hüten. Andere Kinder denken sich eigene Geschichten oder Zählspiele aus, die ihnen das Einschlafen erleichtern. Vielfach sind die Sorgen der Eltern unbegründet, die sie der ein oder anderen harmlosen Angewohnheit anlasten. Umgekehrt sollten Sie eher darauf achten, dass der Umgang mit solchen Angewohnheiten nicht zu einem Problem an sich wird. Denn wie leicht kann es passieren, dass Sie bestimmten Marotten oder Entwicklungsverzögerungen, übermäßig viel Aufmerksamkeit schenken und kleine Angewohnheiten erst zu einem Problem werden. Entscheidend ist, dass Ihr Kind durch solche regelmäßig wiederkehrenden Vorgänge Sicherheit und Vertrauen gewinnt und dadurch Wege findet, sich selber zur Ruhe zu bringen.

Es gibt von den bekannten, manchmal ein wenig beunruhigenden, Angewohnheiten eigentlich nur eine, die für die kindliche Entwicklung nicht so gut ist. Und zwar ist es das regelmäßige, intensive Daumenlutschen, da hierdurch die Kiefer- und Gaumenentwicklung leiden könnte. Zwar lässt sich mit Hilfe der modernen Zahnorthopädie manche Fehlstellung der Zähne heute erfolgreich behandeln, doch muss das Kind nicht unbedingt eine solche Tortur durchleiden. Aus diesem Grunde empfiehlt es sich, das Kind frühzeitig an einen modernen Schnuller zu gewöhnen. Kleine Tricks wie etwas Honig am Schnuller oder Ähnliches werden schnell ihre Wirkung tun und das Kind wird sehr bald den Schnuller dem Daumen vorziehen.

Selbst erfundene Einschlafmethoden sind unproblematisch – außer Daumenlutschen.

Eine weitere, recht elegante und zugleich amüsante Methode, Ängste abzubauen, Entspannung herbeizuführen und dadurch den Schlaf zu fördern, sind die Einschlaf- oder Abendrituale, die ich im nächsten Abschnitt darstellen werde.

Rituale – der sanfte Abschied vom Tag

Fast alle Eltern kennen und verwenden Einschlafrituale, ohne dass ihnen das bewusst ist. Rituale sind eine sehr schöne Möglichkeit, sich von Ängsten und beunruhigenden Erlebnissen und Ereignissen zu befreien. Kinder lieben Rituale über alles. Sie helfen ihnen, die Dinge, die sie noch nicht verstehen können, zu bewältigen und einen sanften Übergang vom Tag in die Traumwelt zu finden. Indem sich bestimmte Abläufe regelmäßig wiederholen, finden sie in einer beunruhigenden Zeit in den

Ritualen Inseln der Ruhe. Das trifft ganz besonders für die Einschlafrituale zu. Sie schenken dem Kind das Gefühl von Sicherheit und Zuverlässigkeit. Gerade durch die regelmäßige Wiederholung abendlicher Einschlafrituale lernen sie, sich in einer immer komplizierter werdenden Welt zurechtzufinden. Bereits wenige Wochen nach der Geburt können Sie mit solchen Ritualen anfangen. Schon im Säuglingsalter gewöhnen sich die Kleinen recht bald daran, wenn Sie ein bestimmtes Lied singen, dann die Spieluhr aufziehen, darauf die Vorhänge schließen, die Nachtleuchte anstellen usw. Dabei sollten Sie darauf achten, dass die Zubettgehrituale zu Ihrem Kind und zu seinem Alter passen. Während bei einem Kleinkind die oben beschriebene Form angemessen ist, können Sie bei etwas älteren Kindern Schlaf-, Schmuse- und Entspannungsgeschichten erzählen, neue Geschichten gemeinsam erfinden oder – was Kinder besonders lieben – aus Ihrer eigenen Kindheit erzählen.

Einschlafrituale vermitteln Sicherheit und Zuverlässigkeit.

Bei der Gestaltung des Einschlafrituals sollten Sie Ihrer Fantasie freien Lauf lassen. Tierstimmen, skurrile Vorführungen und Verrenkungen, auch ausgefallene Kapriolen sind erlaubt. Denn die Rituale sind auch für die Eltern eine seltene Gelegenheit, verrückte Sachen machen zu dürfen, ohne deswegen für verrückt gehalten zu werden. Doch sollte es nicht zu hektisch werden. Auch wenn es den Kindern Spaß macht, verschieben Sie Balgereien oder allzu turbulente Fitness-Übungen eher auf den Tag. Vermeiden Sie, dass die Zubettgehrituale allzu strikt sind und zu einer streng reglementierten Pflichtübung werden. Verändern Sie den Ablauf des Abendrituals je nach Jahreszeit, nach Erlebnissen des Tages und nach den Sorgen Ihres Kindes und bewahren Sie sich Spielräume in der Ausführung. Sonst kann es Ihnen passieren, dass Ihr Babysitter Sie eines Tages aus Ihrem Beziehungsabend zurückruft, weil er nicht weiß, was ein »Dideldum« ist oder Ähnliches mehr. Das Einschlafritual sollte nicht länger als dreißig Minuten dauern. Auch dadurch geben Sie Ihrem Kind Sicherheit, wenn Sie und nicht das Kind die Aus-

Einschlafrituale sollten Kindern und Eltern Spaß machen.

gestaltung und die Dauer festlegen. In schweren Zeiten, bei Krankheiten oder in einer Krise, spricht aber nichts dagegen, das Ritual auch einmal etwas länger zu gestalten.
Gute Erfahrungen habe ich mit Trennungsritualen gemacht. Sie können so aussehen, dass Sie dem Kind unmittelbar vor Verlassen des Raumes ein paar Küsse extra in die Hand geben oder in ein Schatzkästchen legen, die es sich bei Bedarf dann selber wieder hervorholen kann.

Rituale zur Angstbewältigung

Auch zur Vertreibung von Monstern, Hexen oder Geistern eignen sich die Rituale vorzüglich, wobei in vielen Fällen bereits nach wenigen Sitzungen das Problem gelöst ist. Im Folgenden das Beispiel einer rituellen Monstervertreibung, die hochwirksam ist und die ganze Familie einbezieht:

Um die Monster im Schlafzimmer Ihres Kindes zu vertreiben, mischen Sie unter magischen Formeln ein geheimnisvolles Monster-Spray, indem Sie eine Blumen-Sprühflasche mit Wasser und ein wenig Parfum füllen. Nachdem Sie zum Beispiel ihrer fünfjährigen Tochter erklärt haben, dass Monster sich vor Düften fürchten, besprühen Sie, begleitet von umständlichen Verwünschungen, ein paar Abende lang die Tür des Kinderzimmers mit dem hochaktiven Monster-Spray. Ich habe es mit meinen Kindern ausprobiert und es hat nach wenigen Tagen geholfen. Auf die gleiche Weise können Sie auch Geister oder Außerirdische vertreiben. Selbst Löwen und Tiger haben nach einer solchen Behandlung das Weite gesucht.

Kinder im »Monsteralter« sind ausgesprochen beeinflussbar und haben im Allgemeinen tiefes Vertrauen zu den magischen Fähigkeiten ihrer Eltern. In vielen Fällen helfen solche harmlosen Zu-Bett-geh-Rituale, um die Angst vor dem Einschlafen und sogar hartnäckige Alpträume zu beseitigen. Vielleicht finden Sie ja ähnlich beschaffene Rituale, um Ihre Hausgeister zu vertreiben.

Psychologisch gesehen stehen solche Horrorgestalten stellvertretend für die Befürchtungen, Ängste und Konflikte unserer

Abend- und Einschlaf-Rituale im Überblick

- Rituale sind Angst vermindernd und helfen, den Alltag besser zu bewältigen. Sie schaffen Inseln der Ruhe in einer schnelllebigen Zeit.
- Sie geben den Kindern das Gefühl, dass die Welt in Ordnung ist, auch wenn in ihr zahlreiche Bedrohungen lauern.
- Durch die Wiederholung bekommen Kinder die Gewissheit, dass sich hinter allen Abläufen ein zuverlässiges Prinzip verbirgt.
- In den Ritualen begegnen sich Eltern und Kinder spielerisch und handlungsbezogen, wodurch sie sich gegenseitig ihrer Beziehung vergewissern.
- Unter Umgehung unserer Sprache machen wir gemeinsam mit unseren Kindern wertvolle Erfahrungen, die mehr sagen, als Worte es können.
- Durch Rituale finden wir einen direkten Zugang zu tieferen Erlebnisebenen; sprachlose Angst kann so auf der Handlungsebene bewältigt werden.
- Im Ritual erleben Kinder und Eltern sich vollständig und bringen sich mit ihrem Köper als Ganzes ein.
- Rituale sind eine unerschöpfliche Quelle und ein Spielplatz für kindliche und erwachsene Kreativität. Hier dürfen Eltern auch mal verrückt sein, ohne für verrückt gehalten zu werden.

Kinder. Insofern hat es wenig Sinn, sich mit ihnen auf die Suche nach solchen Gestalten zu begeben, um ihnen klarzumachen, dass diese nur in der Fantasie vorkommen. Wenn wir dem Kind eine aus seiner Sicht reale Welt mit vernünftigen Argumenten ausreden wollen, bewegen wir uns auf einer anderen Wellenlänge. Erst in den Ritualen stellen wir eine Verbindung zwischen der erwachsenen Vernunft und den kindlichen Fantasien her. Und das Schöne ist, dass Sie sich im Ritual einen Teil ihrer Kindheit bewahren dürfen. Der Nachbar muss ja nicht unbedingt mitbekommen, wenn sie mit einem alten Fellmantel grunzend durch das Kinderzimmer robben. Die Freude aber, die sie mit Ihrem Kind in solchen Ritualen erleben, ist reichlicher Ersatz für einen verpassten Fernsehfilm oder ein verspätetes Eintreffen bei der Doppelkopfrunde.

Abschiedsrituale

Manchmal tun Kinder sich etwas schwer, sich von lieb gewordenen Einschlafhilfen zu verabschieden. So ist der Abschied vom Schnuller in manchen Familien zu einem emotional besetzten Reizthema geworden. Zum Abschluss dieses Kapitels möchte ich daher ein Ritual vorstellen, das Sie beliebig variieren und ergänzen können. Probieren Sie es einfach selber aus. Tüfteln Sie solange, bis Sie genau das Ritual gefunden haben, das zu Ihrer Lebenswirklichkeit passt – bei meinem Sohn funktionierte der Abschied vom Schnuller mit diesem – aus Elternperspektive amüsanten – Ritual:

Wenn der Abschied vom Schnuller zum Reizthema wird.

Nachdem wir uns darüber einig geworden waren, dass er eigentlich keinen Schnuller mehr braucht, haben wir beschlossen, uns in angemessenem Rahmen feierlich von seinem Nuckel zu verabschieden. Zu einer vorher festgelegten Zeit versammelten sich alle Familienmitglieder an der Mülltonne vor dem Haus und wir durchlebten eine herzzerreißende Abschiedsszene. Anfänglich noch mit dem Schnuller im Mund sprach mein Sohn mir Satz für Satz nach: »Lieber Schnuller, es war eine schöne Zeit mit dir. Du warst mir in vielen Nächten ein treuer Freund. Niemals hast du mich allein gelassen. Sogar im Urlaub bist du mitgekommen. Als ich dich einmal verloren hatte, hast du mir so gefehlt. Doch leider musst du nun fortgehen, um dir ein anderes Kind zu suchen. Ich wünsche dir alles Gute und viel Glück auf deiner Reise.« Mit diesem letzten Satz verschwand der Schnuller in den grauen Tiefen einer einsamen Mülltonne. Dann wurde meinem Sohn, wie es verabredet war, das rote Auto mit dem Blaulicht überreicht und die Tonne geschlossen. Zum Abschluss dankten ihm alle für seinen Mut und seine Entschlossenheit und beglückwünschten ihn zu seiner Entscheidung. Seit diesem Zeitpunkt hat er nie wieder nach einem Schnuller verlangt.

Besondere Schlafstörungen: Trennung, Tod und Krisen

In diesem Kapitel geht es um folgende Fragen:

- Schlafstörungen durch Krisen
- Verlust von Angehörigen
- Besondere Probleme und Schmerzen

Traumatische Erlebnisse

Bisher war nur von normalen Schlafstörungen und ungünstigen Schlafgewohnheiten unserer Kinder die Rede. Ihre Ursachen waren eher biologische Natur, hatten etwas mit Alltagsängsten zu tun oder beruhten auf ungünstigen Verhaltensmustern. In diesem Kapitel möchte ich einige kindliche Schlafstörungen anführen, die durch traumatische Erlebnisse oder außergewöhnliche Ereignisse hervorgerufen wurden.

Tiefgreifende Störungen des kindlichen Urvertrauens können die Ursache von kindlichen Schlafstörungen sein.

Traumatische Erlebnisse sind tiefgreifende Störungen des kindlichen Urvertrauens, die durch Todesfälle, Trennung der Eltern, schwere Krankheiten oder durch heftige Krisen ausgelöst werden können. Gerade in solchen Zeiten brauchen verzweifelte Eltern oder Alleinerziehende sehr viel Unterstützung.

Wenn Eltern auseinander gehen – wo bleiben die Kinder?

In den bisherigen Überlegungen waren wir von intakten Familien ausgegangen. Auch ohne umfangreiche Statistik wissen wir, dass Trennungen oder Scheidungen zum alltäglichen Bild unserer Gesellschaft gehören. Jede dritte Ehe, in Großstädten fast sogar jede zweite, wird durch Scheidung beendet. Ob wir die Eltern, die sich zu diesem Schritt entscheiden, verurteilen oder gar als verantwortungsbewusst hinstellen, ist hier nicht die Frage. Tatsächlich kann die Trennung der Partner nach einer Zeit endloser Streitereien für alle Beteiligten eine Erleichterung darstellen. Auf der anderen Seite kann eine kreativ bewältigte Krise einer Familie neue Kraft geben und ihren Zusammenhalt stärken.
Wie auch immer die Situation sein mag: Kinder sind solchen Belastungen schutzlos ausgeliefert. Wenn sie entscheiden könnten, würden sie sich vermutlich gegen eine Trennung ihrer

Eltern aussprechen. Nicht nur die ganz Kleinen, sondern alle Kinder brauchen ihre Mutter und ihren Vater und möchten, dass sie zusammenbleiben. Sie vertrauen ihnen und sie können sich nicht vorstellen, dass die Eltern für etwas anderes auf der Welt da sind, als für sie zu sorgen.

Für einen Säugling oder ein Kleinkind ist die Angst, verlassen zu werden, alles bestimmend und unendlich groß. All seine Sicherheit, sein Selbstvertrauen und seine beginnende Selbstständigkeit nimmt es direkt von seinen beiden wichtigsten Personen im Leben: Mutter und Vater! Beim Schulkind verhält es sich etwas anders. Es kann die Dinge beim Namen nennen, die es bei einer Trennung befürchten muss. So muss es fürchten, keinen ausreichenden Beistand bei Schulproblemen zu haben, dass es keine regelmäßigen Mahlzeiten bekommt oder bei Krankheiten allein gelassen wird. Selbst ältere Schulkinder, mögen sie noch so rebellisch sein oder schon so manches Mal die Eltern verwünscht haben, erleben eine Trennung als einen tiefgreifenden Einschnitt. Deshalb können Kinder nur sehr schwer verstehen, wenn ein Elternteil eines Tages die gemeinsame Wohnung oder das Haus verlässt.

Die Angst, verlassen zu werden

Spannungen und Konflikte

Jeder Trennung geht eine Zeit von mehr oder weniger heftigen Auseinandersetzungen oder Spannungen voraus. Ob die Eltern ihre Konflikte offen oder hinter verschlossenen Türen austragen, ist unerheblich; sie lassen sich vor den Kindern nicht verheimlichen. Unabhängig vom Alter spüren Kinder lange vor der endgültigen Trennung, dass irgendetwas nicht stimmt. Insbesondere lautstarke, möglicherweise unter Alkoholeinfluss ausgetragene Auseinandersetzungen machen Kindern Angst. Über die schlafhemmende Wirkung von Angst war bereits im letzten Kapitel die Rede.

Kinder spüren die Spannungen zwischen den Eltern.

Für ein Kind, das gewohnt war, beide Elternteile als Ansprechpartner zu haben, bedeutet der tatsächliche Auszug eine dramatische Veränderung. Mit einer gewissen Verzögerung wird das Kind erkennen, dass der Vater nicht, wie ihm vielleicht erklärt wurde, auf einer Geschäftsreise ist oder dass die Mama nicht, wie früher vielleicht einmal, für zwei, drei Wochen zu Verwandten gereist ist. Es macht die verwirrende Beobachtung, dass die Konflikte und Spannungen in der Hausgemeinschaft zwar abrupt beendet sind; doch gewinnt es gleichzeitig die schmerzhafte Gewissheit, dass ein Elternteil für immer weg ist.

Das Gefühl der Hilflosigkeit überwältigt die Kinder.

Kinder im Alter von unter sieben bis acht Jahren fühlen sich in einer solchen Situation besonders hilflos. Sie können nicht begreifen, dass es vielleicht besser ist, wenn der übermäßig trinkende Vater die Familie nicht weiterhin tyrannisiert und das Haus verlässt oder dass es für alle besser ist, wenn die Mutter eine belastende Dreiecksbeziehung beendet und zu dem neuen Partner zieht.

Schuld, Wut und Schmerz – wie Kinder reagieren

Im Gegensatz zur Trauer, die beim Tod eines Angehörigen angemessen ist, neigen wir dazu, den Schmerz bei dem Verlust des Partners nicht so deutlich zu zeigen. Insbesondere der zurückgelassene Partner leidet eher im Stillen und möchte dem Kind oder den Kindern den eigenen Schmerz verbergen. Doch sie spüren das Leid sehr deutlich, ohne dass sie darauf Einfluss nehmen können, was ihre Hilflosigkeit verstärkt.

In den Schmerz der Trennung mischt sich bei manchen Kindern aber auch Ärger und Wut. Zum einen richtet sie sich gegen den Elternteil, der die Familie im Stich gelassen hat. Auf der anderen Seite richtet sich die Verbitterung aber auch gegen den zurückgebliebenen Elternteil, der die Trennung zugelassen oder gar unterstützt hat. Hierdurch wird die bis dahin unangefoch-

Zwischen Hilflosigkeit und Allmacht: wenn Kinder sich schuldig fühlen.

tene Liebe zu beiden Elternteilen auf eine harte Probe gestellt. Eigentlich hat ein Kind in der verwirrenden Situation der Trennung seiner Eltern bereits genug auszuhalten, doch es kommt noch weiteres hinzu: Insbesondere dann, wenn nicht darüber gesprochen wird, kann es glauben, dass es für die Trennung die Schuld oder eine Mitschuld trägt. Kinder im Vorschulalter fühlen sich hilflos und allmächtig zugleich oder sie schwanken zwischen diesen Extremen. Psychologen sprechen von magischem Denken und meinen damit, dass Kinder in diesem Alter glauben, dass sie durch ihre Gedanken die Welt beeinflussen können. Auf der einen Seite fühlen sie sich ihren Eltern hilflos ausgeliefert. Auf der anderen Seite glauben sie manchmal, dass sie durch ihr Denken und Verhalten die Dinge beeinflusst haben. So kann es sein, dass sie sich die Schuld für die Trennung ihrer Eltern zuschreiben. Ein Beispiel mag das erläutern:

Die vierjährige Nina erfährt von der 28 Jahre alten Mutter ohne Vorankündigung, dass der Papa eine andere Frau lieb hat und dass er zu ihr in die Wohnung zieht. Nina hatte zwar mitbekommen, dass der Vater in den letzten Monaten viel geschimpft hatte. Doch hatte sie das nicht mit seinem Auszug in Verbindung gebracht. Jetzt, wo er das Haus verlassen hat, glaubt sie, dass die Streitereien der Eltern mit ihrem Ungehorsam zu tun haben. Schließlich hatte sie abends immer so lange die Mama oder den Papa aufgehalten, wenn sie ins Bett sollte. Einmal, als Papa richtig böse auf sie war, hat sie sich gewünscht, dass er nicht mehr da ist. Jetzt, so glaubt sie, hat sie ihre gerechte Strafe für ihren Ungehorsam bekommen und der Papi ist wegen ihr ausgezogen. In ihrer grenzenlosen Angst, dass er nie wieder zurückkommt oder dass die Mami sie auch noch verlässt, verspricht sie, in Zukunft immer brav ins Bett zu gehen.

Das Beispiel zeigt, dass Kinder sich aus zunächst nicht erkennbaren Gründen vollkommen anders verhalten und sogar er-

wünschtes Verhalten an den Tag legen. Selbst wenn sich ein Kind nach einer Trennung brav verhält, muss das nicht bedeuten, dass es mit den Schwierigkeiten leicht fertig wird.
Die Möglichkeiten, wie ein Kind zeigt, dass es verletzt ist, können sehr verschieden sein. So ist es nicht ungewöhnlich, dass ein Kind, nachdem es längere Zeit trocken gewesen war, wieder einnässt. Ein früher vielleicht friedfertiges Kind kann durch aggressives Verhalten auffallen, ein anderes zeigt Essstörungen oder andere Verhaltensauffälligkeiten. Im Hinblick auf die Schlafstörungen lässt sich feststellen, dass fast alle Kinder in seelischer Not in erheblichem Maße in ihrer Nachtruhe gestört sind.

Den Schaden begrenzen – was können Eltern tun?

Eine Trennung der Eltern bedeutet in jedem Fall eine schwere Krise für das Kind.

Es liegt auf der Hand, dass so dramatische Veränderungen im Leben eines Kindes zu heftigen Schlafproblemen führen. Dabei spielen die Angst vor dem Alleinsein, Trennungsangst, Angst vor Dunkelheit und viele andere Ängste eine vorrangige Rolle. Auch wenn wir die Ängste des Kindes in dieser Zeit sehr ernst nehmen sollten und die Eltern sicher alles tun werden, um ihm seine Angst zu nehmen, ist sie eine wertvolle Hilfe und eine wichtige Informationsquelle dafür, was mit dem Kind los ist. Denn durch die Art und das Ausmaß der Angst zeigt uns das Kind, wo es emotional steht und wie es die belastende Situation verarbeitet. Auch wenn die Eltern vordergründig andere Sorgen haben, als sich mit den Problemen ihres Kindes zu befassen, sollten sie bedenken, dass es auch für Eltern hilfreich sein kann, mit der Situation besser klarzukommen, wenn sie ausreichend für ihr Kind gesorgt haben. Gerade in der schweren Zeit der Trennung braucht das Kind die Eltern mehr denn je.
Rechtsanwälte streiten im Auftrag der Eltern um das Sorgerecht. Richter berufen sich auf das Kindeswohl, wenn sie die Kleinen in mitunter zermürbenden Verhandlungen der einen

oder anderen Seite zusprechen wollen. Dabei braucht das Kind in dieser Zeit alles andere als juristische Hilfe. Es braucht Menschen, die seine Not verstehen können. In einer schweren Krise stellt sich weniger die Frage nach dem abstrakten Kindeswohl, sondern eher die nach einer am wenigsten schädlichen Alternative. Denn schädlich ist die Trennung der Eltern in jedem Fall für das Kind.

Allerdings möchte ich nochmals betonen, dass die am wenigsten schädliche Alternative auch bedeuten kann, dass die Eltern sich trennen und so alle Beteiligten die Chance haben, noch einmal von vorne zu beginnen.

Schadensbegrenzung nach der Trennung: Keine Lügen, authentisch handeln!

Wenn eine Trennung also unausweichlich geworden ist, stellt sich die Frage: Wie können Sie den Schaden begrenzen? – Jede Familie ist anders und jeder hat seine eigenen Umgangsweisen und Kommunikationsformen entwickelt. Doch bei allem, was Sie tun, seien Sie, wie es die Psychologie nennt, authentisch. Mit anderen Worten: Sie sollten Ihrem Kind nichts vormachen. Es geht nicht darum, dem Kind jedes Detail Ihres Rosenkrieges in allen Einzelheiten zu berichten. Doch sollten Sie das Kind nicht belügen und ihm die Situation erklären. Wenn es Fragen stellt, beantworten Sie seine Fragen in der Sprache des Kindes. Denn es spürt sehr genau, was los ist. Es hat keinen Sinn, wenn ein Partner weinend in der Küche sitzt, nachdem der andere Partner türenschlagend die Wohnung verlassen hat und dem Vierjährigen erklärt: »Es ist alles in Ordnung, Schatz«. Das Kind muss ja an seiner Wahrnehmung zweifeln. Denn gar nichts ist in Ordnung.

Angst, Wut und Trauer

Gerade in einer solch schwierigen Situation sollten Sie Ihr Kind mit seinen Sorgen und Ängsten nicht allein lassen. Versuchen Sie, mit ihm darüber zu sprechen. Es hilft, mit der Angst fertig

Wichtig ist es, mit dem Kind immer im Gespräch zu bleiben.

zu werden. Wenn das Kind mit niemandem über seine Angst sprechen kann, kann es sein, dass sie noch größer wird. Vielleicht erinnert es sich an eine Situation, in der eine liebe Großmutter oder ein anderer Angehöriger gestorben ist. Vielleicht sind Sie auch damals alle mit einem bedrückten Gesicht durch die Wohnung geschlichen und keiner hat erklärt, was eigentlich los ist. Ungewissheit und schlimme Ahnungen können Kinder aber viel schlechter ertragen, als die ungeschminkte Wahrheit, mag sie auch noch so unangenehm sein. Sobald Sie sich für eine Trennung entschieden haben, sollten Sie Ihr Kind behutsam, nicht in allen Einzelheiten, über den bevorstehenden Auszug des Partners aufklären. Versuchen Sie aber nicht, den Ablauf zu beschönigen, indem Sie vielleicht erklären, dass der Vater aus beruflichen Gründen für längere Zeit nicht zu Hause ist oder Ähnliches. Wenn Ihr Kind darauf beharrt, dass der Vater oder die Mama bald wiederkommt, überhäufen Sie es nicht mit weiteren Informationen, sondern erklären ihm, wann und wohin der Partner auszieht und wie es weitergehen soll. Auch wenn Ihr Kind, besonders wenn es noch klein ist, nicht alles versteht, wird es an Ihrem Tonfall, an Ihrer Umarmung, an Ihrem liebevollen Kuss spüren, dass etwas sehr Wichtiges und zugleich Unausweichliches geschieht.

> Achten Sie auf die Signale Ihres Kindes. Es wird Ihnen auf seine Art mitteilen, ob es sich überfordert fühlt oder ob Ihre Erklärungen ihm helfen, mit der Situation fertig zu werden.

Auch wenn es sich banal anhört, ist es sehr viel, was Sie für Ihr Kind in dieser schweren Zeit tun können. Heftige Angst und Schlafstörungen während und nach der Trennung sind die unvermeidbaren Folgen eines solchen traumatischen Erlebnisses.

Auch wenn ich dazu raten möchte, die Hilfe eines erfahrenen Kindertherapeuten oder eines einfühlsamen Kinderarztes in Anspruch zu nehmen, möchte ich davor warnen, die kindlichen Schlafstörungen, erneutes Einnässen und andere Reaktionen, als eine Störung anzusehen Zu viel Psychologie kann Kinder mehr verwirren und beunruhigen, als dass sie ihnen hilft.
Andererseits möchte ich alle Betroffenen davor warnen, vom Kind Trost für sich selber zu erwarten. Eine solche Haltung würde das Kind überfordern und seine Not vergrößern.
Wenn Sie sich entlasten wollen, gehen Sie zu Ihren Freunden oder zu Ihrer Freundin, suchen Sie sich Rat bei Verwandten oder nehmen Sie professionelle Hilfe in Anspruch. Denn Ihr Kind kann Ihnen ihren eigenen Schmerz und die Trauer nicht abnehmen. Dafür ist es viel zu sehr mit seinem eigenen Schicksal belastet.

Tod eines nahe stehenden Menschen

Kinder sind keine Trostspender!

Sinngemäß gilt das oben Gesagte auch für ein traumatisches Erlebnis, das durch den Tod eines nahen Angehörigen oder eines guten Freundes ausgelöst wird. Im Gegensatz zur Trennung der Eltern darf die Trauer bei einem Todesfall offen gezeigt werden. Angehörige und Bekannte zeigen Verständnis. So schmerzhaft und so unbegreifbar der Tod, insbesondere auch für die ganz Kleinen, auch sein mag: Indem sie verstehen lernen, dass die liebe Oma jetzt im Himmel ist, beginnen sie auch zu verstehen, dass der Tod endgültig ist und zum Leben dazugehört. Im Gegensatz zur Trennung der Eltern gibt es jedoch keine Hoffnung, dass der verstorbene Mensch wieder zurückkehrt. Das macht es Kindern, aber auch uns Erwachsenen, leichter, mit dem Schmerz fertig zu werden.
Es liegt auf der Hand, dass der Schlaf der Kinder in einer solchen Krisensituation nachhaltig leidet. Wie bereits erwähnt,

In Krisenzeiten sollten Schlafregeln ohne schlechtes Gewissen zeitweilig aufgehoben werden.

brauchen Kinder in dieser Zeit ihre Eltern mehr denn je. Es spricht nichts dagegen, Ihrem Kind jetzt etwas mehr Zeit für das abendliche Zubettgehen einzuräumen oder sich bei nächtlichem Aufwachen zu dem Kind ans Bett zu setzen. Ähnlich wie in der Zeit, wenn es krank ist, lassen Sie mit gutem Gewissen einige Regelverletzungen zu. Es sollte in dieser Zeit auch mal etwas länger bei Mama auf dem Sofa schmusen dürfen oder die Nacht im Bett der Mutter oder des Vaters verbringen können. Insbesondere sollten Sie sich Zeit für das Abendritual nehmen und die Inhalte auf die Erfahrungen der letzten Tage und Wochen abstimmen. Wenn Sie mit Ihrem Kind abends beten, lässt sich die verstorbene Tante oder der Opa gut in das Gebet einschließen.

Wie Sie Ihrem Kind in Krisen beistehen können:

- Geben Sie Ihrem Kind alle Liebe, zu der Sie in einer Krise fähig sind.
- Sprechen Sie mit ihm offen und ehrlich über die aktuelle Situation.
- Nehmen Sie seine Angst ernst, teilen Sie mit ihm seine Sorgen.
- Nehmen Sie die Signale Ihres Kindes wahr; sie geben Ihnen Aufschluss darüber, wie es seine Ängste und Sorgen verarbeitet.
- Belasten Sie Ihr Kind nicht mit Ihrem Kummer; es hat genug mit seinen eigenen Belastungen zu kämpfen.
- Erlauben Sie dem Kind in der Krisenzeit kleine Grenzverletzungen; verlängern Sie unbesorgt das Zubettgeh-Ritual; lassen Sie es ohne Bedenken einmal mehr in Ihrem Bett schlafen.
- Unternehmen Sie gemeinsam mit Ihrem Kind etwas Besonderes, was es sonst nicht darf.

Wenn Sie aber erkennen müssen, dass auch Sie so stark unter dem Verlust des Partners oder dem Tod eines Angehörigen leiden, dass Sie dem Kind keine Hilfe sein können, scheuen Sie sich nicht, den Kontakt zu einer Beratungsstelle oder einem erfahrenen Therapeuten aufzunehmen, die Ihnen dabei helfen werden, mit dem Schmerz zurechtzukommen. Nutzen Sie auch die Möglichkeit der kostenlosen Telefonseelsorge. Dort treffen Sie auf erfahrene Lebensberater, auf Mütter und Väter, die selber mitten im Leben stehen und vielleicht eine solche Krise schon einmal durchlebt haben.

Seltene Schlafstörungen und besondere Probleme

Zum Abschluss dieses Buches möchte ich noch einige weitere Schlafstörungen anführen. Es sind Schlafstörungen, die entweder recht selten sind oder die noch nicht sehr gut erforscht sind. Damit Sie sich aber bei einem bestimmten Verhalten Ihres Kindes nicht unnötig beunruhigen, zumindest aber besser einschätzen können, was Sie tun können, möchte ich auch diese Schlafstörungen abschließend kurz darstellen.

Schlafschaukeln und Kopfschlagen

Bei der Beschreibung der Einschlafstörungen war ich auf die Zubettgehprobleme und das verzögerte Einschlafen bereits eingegangen (vgl. S. 21 ff.).

Auch das Schlafschaukeln und das Kopfschlagen können wir dem verzögerten Einschlafen zuordnen, da beide Phänomene meistens während des Einschlafens auftreten. Beide Formen sind sehr selten und stellen eine eher harmlose Störung dar.

Harmlose Einschlafstörungen brauchen Sie nicht zu beunruhigen.

In beiden Fällen beginnen die Kinder unvermittelt entweder nur mit dem Kopf oder mit dem ganzen Körper gleichmäßig hin und her zu schaukeln. Die Schaukelbewegungen können so heftig sein, dass das Bett zu wandern beginnt oder sogar beschädigt wird. Sie können Ihr Kind vor Verletzungen schützen, indem Sie das Bett entsprechend auspolstern. Ab etwa dem vierten Lebensjahr dürfte Ihr Kind aus dieser Störung herausgewachsen sein. Wenn Ihr Kind sich ansonsten tagsüber unauffällig verhält, sollten Sie dem Problem nicht allzu viel Beachtung schenken. Manchmal hilft es, Ihr Kind tagsüber zu etwas mehr Bewegung anzuhalten. In manchen Fällen helfen verhaltenstherapeutische Maßnahmen, während die medikamentöse Behandlung bisher wenig Erfolg hatte. Eigenartigerweise tritt das Problem nicht auf, wenn Kinder in einer Hängematte schlafen oder wenn in der Nähe des Bettchens ein gleichmäßiges Geräusch, etwa eine laut tickende Uhr, zu hören ist.

Nächtliches Aufwachen

Neben den bereits angeführten Durchschlafstörungen wie Nachtschreck, Alpträumen und Bettnässen gibt es noch einige weitere mitunter beunruhigende Schlafstörungen, die ich im Folgenden erläutern möchte.

Nächtliches Zähneknirschen

Etwa 20 Prozent aller Kinder knirschen nachts mit den Zähnen.

Regelmäßiges nächtliches Zähneknirschen tritt hauptsächlich zwischen dem Kleinkindalter und dem Grundschulalter auf. Zwischen zehn und zwanzig Prozent aller Kinder sind davon betroffen. Bei schwerem und dauerhaftem Zähneknirschen können Schäden im Kieferbereich, Schmerzen im Gesicht sowie Kopfschmerzen auftreten. Außer, dass dieses Phänomen in bestimmten Familien gehäuft vorkommt, gibt es kaum Wissen darüber, wodurch diese Störung verursacht wird. Offensichtlich spielen mehrere Ursachen eine Rolle. Es tritt in allen Schlafstadien auf, wird aber nicht durch Träume ausgelöst. Ein Zusammenhang mit belastenden Erlebnissen des Tages konnte bisher nicht nachwiesen werden.

Die Behandlung dieser Störung bei Kindern steckt noch in den Kinderschuhen. Wenn das Zähneknirschen nicht allzu heftig ist, sollten Sie sich aber keine übermäßigen Sorgen machen. Es lässt im Allgemeinen mit dem Eintritt in das Schulalter nach.

Knirscher- oder Aufbissschienen können helfen.

Bei nachhaltigem Zähneknirschen verordnet der Kinderarzt manchmal eine so genannte Knirscher- oder Aufbissschiene aus Kunststoff, die zumindest eine gewisse Linderung herbeiführt.

Die fröhliche Durchschlafstörung

Auch wenn es sich so anhören mag, ist sie eine durchaus ernstzunehmende Störung, die allerdings nur in den ersten zwei Lebensjahren auftritt. Nach wenigen Stunden Schlaf wacht das Kind auf, erzählt, lacht, singt, ruft nach den Eltern und möchte, dass man mit ihm spielt. Es ist bei bester Laune und für alle möglichen Späße zu haben. Nach einer guten Viertelstunde ist der Zauber meistens vorbei und das Kind schläft wieder ruhig ein. Dieses Spiel kann sich in einer Nacht mehrfach wiederholen, scheint aber auf die Tagesform kaum Auswirkungen zu haben. Manchmal ist das Kind tagsüber etwas nörgelig.

Richtig erforscht ist diese »lustige«, für die Eltern eher lästige, Störung allerdings noch nicht. Beobachtet wurde, dass sie hauptsächlich in den Wintermonaten auftritt und dass bei den untersuchten Kindern Kalkmangel festgestellt wurde. Durch Verabreichung von Vitamin D lässt sich dieses scheinbar fröhliche Problem innerhalb weniger Tage beheben. Langfristige Folgen oder bleibende Schäden sind bisher noch nicht beobachtet worden.

Schlafbezogene epileptische Anfälle

Sie werden zwar so genannt, sind aber eigentlich keine Schlafstörung, da sie nach dem Schlaf auftreten. Nur etwa ein halbes Prozent aller Menschen sind hiervon betroffen. Die Anfälle können in jedem Lebensalter auftreten, sind aber bei Kindern am häufigsten. Meistens finden sie in der ersten halben Stunde nach dem morgendlichen Aufwachen statt. Ihre Behandlung erfolgt unter der Aufsicht eines Kinderarztes mit Hilfe krampflösender Medikamente.

Zu frühes Aufwachen

Außer den Ein- und Durchschlafstörungen sollten noch die Aufwachstörungen erwähnt werden. Dabei stellt sich die Frage, ob zu frühes Aufwachen überhaupt eine Störung ist. Zunächst möchte ich dazu raten, einige Tage ein Schlafprotokoll zu führen, um herauszufinden, ob Sie Ihr Kind möglicherweise zu früh zu Bett bringen. Wenn Ihr Kind allerdings aufgrund äußerer Störungen vorzeitig aufwacht, sollten Sie diese als erstes beseitigen. Manchmal hilft es, wenn Sie z. B. wegen der benachbarten Autowerkstatt ein Lärmschutzfenster anbringen oder dafür sorgen, dass das Schlafzimmer Ihres Kindes ausreichend verdunkelt ist oder Ähnliches.

Ein Schlafprotokoll gibt Aufschluss, ob es sich um eine Störung handelt.

Insgesamt tritt auch diese Störung verhältnismäßig selten auf. Bei den ausgesprochenen Kurzschläfern unter den Kindern, insbesondere, wenn sie schon etwas älter sind, genügt es manchmal, ein interessantes Spielzeug an das Bett zu legen. Wenn Sie mit dem Kind zusätzlich eine Vereinbarung treffen, ab wann es frühestens die Eltern stören darf, ist das eine gute Möglichkeit, etwas mehr Selbstständigkeit zu entwickeln. Neben der Anerkennung, dass es schon ein großes Kind ist, lernt es vielleicht nebenbei die Uhr kennen.

Dauermüdigkeit und Langschläfer

Wenn Kinder am Tage ausgesprochen müde und schläfrig wirken, kann das ein Hinweis auf eine so genannte Hypersomnie sein. Glücklicherweise treten solche Störungen bei Kindern sehr selten auf. Unter diesem Begriff fassen die Fachleute Störungen zusammen, die durch besonders langen Schlaf oder durch ungewöhnliche Schläfrigkeit des Kindes am Tage auffallen. Sie zeichnen sich dadurch aus, dass sie mitunter schwer zu erkennen sind und dass sie, vor allem bei Neugeborenen und sehr kleinen Kindern, nicht ungefährlich sind.

Aus diesem Grunde ist bei Verdacht auf eine solche Störung immer ein Facharzt hinzuzuziehen. Denn solche Störungen können nicht selbst behandelt werden. Inzwischen gibt es in Deutschland aber zahlreiche Schlaflabors für Kinder, die einen möglichen Verdacht gezielt und systematisch diagnostizieren und erfolgreich behandeln.

Besteht der Verdacht auf eine schwerwiegende Störung, muss ein Facharzt zu Rate gezogen werden.

Da diese Art von Störungen aber viele Eltern sehr beunruhigen, möchte ich einige Anmerkungen zu diesem recht vielschichtigen Störungsbild machen. Es werden hauptsächlich drei Formen unterschieden, die mit wenig verständlichen Fachbegriffen beschrieben werden. Wir nennen sie die Narkolepsie, die Schlafapnoe und das verzögerte Schlafphasensyndrom.

Narkolepsie

Allen drei Formen gemeinsam ist, dass die Kinder am Tage ausgesprochen schläfrig wirken. Tritt tagsüber zusätzlich eine vorübergehende, plötzliche Erschlaffung bestimmter Muskeln auf, so kann sich dahinter eine so genannte Narkolepsie verbergen. So kann es sein, dass sie mitten im Satz, beim Essen oder sogar beim Radfahren unvermittelt einschlafen. Manchmal sinken die Kinder langsam um, erholen sich aber sehr bald. Im Allgemeinen tritt diese seltene Schlafstörung aber erst ab dem 15. Lebensjahr auf. Sie kann nach wenigen Sekunden vorbei sein, aber manchmal bis zu einer halben Stunden andauern.

Die moderne Schlafforschung findet auch für schwere Störungen probate Behandlungsmethoden.

In einer frühen Phase der Narkolepsie fällt es den Kindern schwer, morgens aus dem Bett zu kommen. In vielen Fällen sind sie am Morgen verwirrt, aggressiv oder mitunter ausfallend. Für den sozialen Frieden ist es wichtig, dass diese Störung rechtzeitig erkannt wird. Denn die schulische Leistungsfähigkeit des Kindes ist durch die Narkolepsie in vielen Fällen erheblich beeinträchtigt und kann dem Kind zu Unrecht den Ruf der Faulheit einbringen.

Auch hier hat die moderne Schlafforschung eine probate Form der Behandlung herausgefunden. Durch genau festgelegte kurze Tagesschlafphasen in Verbindung mit stimulierenden Medikamenten kann man die Befindlichkeit betroffener Kinder ganz gut verbessern.

Schlafapnoe

Wenn es nicht zu einer plötzlichen Muskelerschlaffung kommt, das Kind aber trotzdem tagsüber schläfrig wirkt, kann eine Schlafapnoe vorliegen. Wörtlich übersetzt bedeutet Schlafapnoe, dass das Kind im Schlaf nicht atmet. Es holt also für einige Sekunden keine oder nur unzureichend Luft. Wenn Ihr Kind in der Nacht heftig schnarcht und unter häufigen Entzündungen der oberen Atemwege leidet, kann das ein Hinweis auf eine Schlafapnoe sein. Hierfür sind hauptsächlich zwei Dinge verantwortlich: Zum einen scheint eine angeborene Verengung der Atemwege eine Rolle zu spielen, zum anderen sind bestimmte Reifungsvorgänge des Gehirns mitverursachend. Gibt es trotz übermäßiger Schläfrigkeit am Tage weder Anzeichen für die eine noch für die andere Ursache, sind weitere Untersuchungen notwendig.

Durch die nächtlichen Atemstillstände werden in vielen Fällen zahlreiche weitere Störungen ausgelöst. Insbesondere kann es zu morgendlichem Kopfschmerz, zu Gewichtsveränderungen, zu häufigem nächtlichen Erwachen, zu Kreislaufproblemen und zu Stimmungsschwankungen kommen. Alle diese Erscheinungen treten vielfach gemeinsam auf und sind so auffällig, dass kaum eine Verwechselung mit anderen leichten Schlafstörungen befürchtet werden muss. Im Gegensatz zu der Schlafapnoe bei Erwachsenen bestehen bei der kindlichen Schlafapnoe gute Heilungsaussichten. Im Allgemeinen wird durch eine verhältnismäßig harmlose Operation die Verengung der Luftwege beseitigt, so dass das Kind wieder gut Luft bekommt. Nicht bewiesen ist die Auffassung, dass der plötzliche Kindstod mit der Schlafapnoe in Verbindung steht. Insbesondere bei frühgeborenen Kindern mit einer angeborenen Verengung der Atemwege und einer gleichzeitigen Infektion der Luftwege ist ein erhöhtes Risiko jedoch nicht auszuschließen.

Bei Schlafapnoe können »mittelbare« Störungen auftreten.

Verzögertes Schlafphasensyndrom bei Kindern

Auch diese Störung ist im engeren Sinne keine kindliche Schlafstörung, sondern tritt ebenfalls vorwiegend bei Jugendlichen auf. Da wir sie gelegentlich auch bei Kindern vorfinden, möchte ich sie hier kurz darstellen.
Die Störung zeichnet sich dadurch aus, dass die Kinder in der Nacht selten vor 3 bis 5 Uhr einschlafen und dann große Mühe haben, am nächsten Morgen aus dem Bett zu kommen, um zum Beispiel pünktlich zur Schule zu gehen. Sie können sich vorstellen, dass dieses Verhalten, vor allem, wenn die Eltern diese Störung nicht kennen, zu Konflikten führt, wenn sie ihr Kind am Morgen förmlich aus dem Bett zerren müssen.
Die moderne Schlafforschung hat für diese Problematik eine genauso einfache wie heftige »Rosskur« entwickelt, die aber in

vielen Fällen zum Erfolg führt. Und zwar erfolgt diese Maßnahme am Wochenende. Die jungen Leute werden gehalten, die Nacht von Freitag auf Samstag wach zu bleiben. Am nächsten Tag sind sie dann so müde, dass sie am Abend um Mitternacht einschlafen können. Am folgenden und an den weiteren Tagen sollten Sie dann zur üblichen Zeit aufstehen und den Rhythmus auch am Wochenende einhalten.

Krankheit und Schmerzen

Was tun, wenn Einschlafhilfen und Hausmittel nicht helfen?

Wenn Kinder Schmerzen haben oder wegen anderer organischer Ursachen nicht schlafen können, helfen die gewohnten Einschlafhilfen nicht weiter. So wissen wir von den Drei-Monats-Koliken, dass sie bei besonders sensiblen Babys auftreten. Insbesondere leicht erregbare Kleinkinder haben Probleme damit, die zahlreichen Erlebnisse des Tages zu verdauen. Wenn sie überdreht sind und schlecht einschlafen können, wehren sie sich durch ausdauerndes Schreien gegen den für sie unerträglichen Zustand. Das kann dazu führen, dass sie sehr viel Luft verschlucken, was dann wiederum die Blähungen bewirkt. Unglücklicherweise treten solche Beschwerden vielfach ausgerechnet dann auf, wenn das Kind schlafen sollte und die Eltern selber zur Ruhe kommen möchten. Zahlreiche Hausmittel, Fencheltee, Salben oder stundenlanges Herumtragen, zeigen nur geringe Wirkung. Die Eltern sind häufig verzweifelt und wissen sich keinen Rat. Vielleicht sollten wir besser darauf hören, was unsere Großmütter schon immer wussten: Lassen Sie Ihr Kind einfach eine Weile in Ruhe. Das heißt nicht, dass Sie Ihr Kind in seiner Not allein lassen sollten. Doch sollten wir uns vergegenwärtigen, dass Kinder die Fähigkeit besitzen, sich selber wieder zu beruhigen.

Nicht selten führen besorgte Eltern die Schlafstörungen ihres Kindes auf das Zahnen zurück. Zahlreiche Geschichten ranken

sich um dieses Thema. Dabei ist es wissenschaftlich gar nicht belegt, dass das Zahnen die Ursache für Fieber, Durchfall und anhaltendes Quengeln ist. Sicherlich trifft es zu, dass die Zähne beim Durchwachsen des Zahnfleisches schmerzhafte Schwellungen und Reizungen hervorrufen, die aber nach wenigen Tagen meistens abklingen. Als Ursache für langanhaltende Schlafstörungen spielt das Zahnen jedenfalls eine untergeordnete Rolle.
Häufigere, weil auch schmerzhafte Ursache für nächtliche Schlafstörungen sind eher Entzündungen des Mittelohres, die im Liegen Schmerzen bereiten können. Wenn das Kind zusätzlich Fieber bekommt und Kopf- und Gliederschmerzen auftreten, kann die Nachruhe erheblich gestört werden.

Medikamente gegen Schlafstörungen?

Medikamente verändern nicht das Schlafverhalten, sondern lindern Symptome.

Nicht selten werden Medikamente zur Behandlung von Schlafstörungen eingesetzt. Es gibt Schätzungen, nach denen etwa zwanzig Prozent der Kinder regelmäßig auf ärztliche Anordnung Schlaf- und Beruhigungsmittel einnehmen, damit sie ein- und durchschlafen. So nachvollziehbar der Wunsch vieler Eltern nach durchwachten Nächten auch sein mag, endlich wieder durchschlafen zu können; eine wirkliche Hilfe stellen Medikamente nicht dar. Denn das Kind verändert durch die Medikation ja nicht wirklich sein Schlafverhalten, sondern wird lediglich für ein paar Stunden ruhig gestellt. Im Übrigen ist die Medikamentengabe bei Kindern und Säuglingen in die Kritik geraten, da viele Präparate lediglich bei Erwachsenen getestet wurden und kaum Erfahrungen über die Dosierung, über Neben- oder Wechselwirkungen mit anderen Medikamenten für den Einsatz bei Kindern vorliegen.
In vielen Fällen werden Benzodiazepine, so genannte Psychopharmaka, verordnet, die das Nervensystem als Ganzes zentral

beeinflussen und Veränderungen in der Stimmungslage hervorrufen. Abgesehen davon, dass ihre Wirkung begrenzt ist, können sie unerwünschte Nebenwirkungen hervorrufen. So kann sich bei längerer Anwendung eine Abhängigkeit ausbilden und sogar ein so genannter Reboundeffekt einstellen, der dafür verantwortlich ist, dass das Medikament genau die gegenteilige Wirkung erzielt. Zwar gibt es noch keine Forschungsergebnisse; doch ist im Hinblick auf eine spätere Suchtentwicklung die oral vermittelte Stimulierung nicht zu unterschätzen.
Wenn aus Elternsicht psychotrope Substanzen unvermeidbar erscheinen, würde ich eher zu den bewährten Hausmitteln oder allenfalls zu den harmlosen pflanzlichen Mitteln wie Baldrian, Hopfen oder Ähnlichem greifen.
In schweren Krisensituationen, bei hartnäckigen bzw. organisch bedingten Schlafstörungen, kann die Gabe von Psychopharmaka für einen begrenzten Zeitraum durchaus das Mittel der Wahl sein. Bei den meisten Ein- und Durchschlafstörungen sind allerdings die in diesem Buch beschriebenen Entspannungsverfahren, ein konsequentes Vorgehen sowie die Bearbeitung der familiären und sozialen Probleme der bessere Weg, um Ruhe und Entspannung zu finden.

Ein Wort zum Abschluss

Ein Buch über Schlafstörungen kann niemals vollständig sein. Wenn wir uns den Schlaf als einen Abschied vom Tage vorstellen, dann zählen alle Erlebnisse und Ereignisse, Gefühle und Ängste dazu. Kaum ein Lebensbereich, keine Krankheit und keine Kränkung lassen sich ausschließen. Viele Dinge sind in diesem Buch zu kurz gekommen, manche wurden vielleicht zu ausführlich behandelt, andere fehlen völlig. So habe ich beispielsweise kaum die Familien betrachtet, in denen sich mehrere Kinder in ihren Schlafstörungen gegenseitig hochschaukeln.

Auch habe ich die Alleinerziehenden in ihrer schwierigen Lage nur wenig berücksichtigt.
Trotzdem, so hoffe ich, sind Sie dem Ziel ein wenig näher gekommen, das ich so zusammenfassen möchte:
Der Schlaf ist das Abschiedsgeschenk an Kinder, die sich verstanden und geborgen fühlen. Er lässt sich nicht erzwingen, sondern kommt wie Sonne, Mond und Sterne. Auch wenn Sie in schweren Stunden die Nacht verwünschen, in der »es« passiert ist: Früher, als es Ihnen vielleicht lieb ist, wird der Tag kommen, an dem Sie große Probleme damit haben, Ihren inzwischen groß gewordenen »Wonneproppen« nach durchfeierter Nacht wieder aus dem Bett herauszukriegen.

Hilfreiche Webseiten

www.gesundheitpro.de
www.leben-und-erziehen.de
www.eltern.de
www.innen.welt.ms
www.kinderschlaflabor.net
www.familienhandbuch.de
www.medizinfo.de
www.trostreich.de
www.kinder.de
www.das-kind-muss-ins-bett.de
www.vitawo.de

Bücher zum Weiterlesen

Daymond, Kate: Endlich schläft unser Kind. Wie Sie Schlafprobleme in den ersten Lebensjahren in den Griff bekommen. Brunnen Verlag, 2003

Kalwitzki, Sabine: Flieg mit auf der Kuschelwolke. Fantasiereisen zum Entspannen und zur guten Nacht. Loewe Verlag, 2003

Müller, Else: Träumen auf einer Mondschaukel. Autogenes Training mit Märchen und Gute-Nacht-Geschichten. Kösel Verlag, 1998 (dazu gibt es auch eine Hörkassette oder CD)

Rathmann, Peggy: »Noch zehn Minuten, dann ab ins Bett«. Gerstenberg Verlag, 2003

Jetzt schlaf schön ein .... 10 wunderbare Gute-Nacht-Geschichten, mit CD, gelesen von Hannelore und Nina Hoger, Urania Verlag, 2006